TRANZLATY

Language is for everyone

Kieli kuuluu kaikille

The Call of the Wild

Erämaan kutsu

Jack London

English / Suomi

Into the Primitive
Alkeelliseen maailmaan

Buck did not read the newspapers.

Buck ei lukenut sanomalehtiä.

Had he read the newspapers he would have known trouble was brewing.

Jos hän olisi lukenut sanomalehtiä, hän olisi tiennyt, että ongelmia oli kytemässä.

There was trouble not alone for himself, but for every tidewater dog.

Ongelmia oli paitsi hänellä itsellään, myös jokaisella vuorovesikoiralla.

Every dog strong of muscle and with warm, long hair was going to be in trouble.

Jokainen lihaksikas ja lämmin, pitkäkarvainen koira joutuisi pulaan.

From Puget Bay to San Diego no dog could escape what was coming.

Puget Baystä San Diegoon yksikään koira ei voinut paeta sitä, mitä oli tulossa.

Men, groping in the Arctic darkness, had found a yellow metal.

Arktisen pimeyden keskellä hapuillen miehet olivat löytäneet keltaista metallia.

Steamship and transportation companies were chasing the discovery.

Höyrylaiva- ja kuljetusyhtiöt jahtasivat löytöä.

Thousands of men were rushing into the Northland.

Tuhannet miehet ryntäsivät Pohjolaan.

These men wanted dogs, and the dogs they wanted were heavy dogs.

Nämä miehet halusivat koiria, ja koirat, joita he halusivat, olivat painavia koiria.

Dogs with strong muscles by which to toil.

Koirat, joilla on vahvat lihakset raatamiseen.

Dogs with furry coats to protect them from the frost.

Koirat, joilla on karvainen turkki suojaksi pakkaselta.

Buck lived at a big house in the sun-kissed Santa Clara Valley.
Buck asui suuressa talossa auringon suutelemassa Santa Claran laaksossa.
Judge Miller's place, his house was called.
Tuomari Millerin paikka, hänen taloaan kutsuttiin.
His house stood back from the road, half hidden among the trees.
Hänen talonsa seisoi hieman syrjässä tiestä, puoliksi piilossa puiden joukossa.
One could get glimpses of the wide veranda running around the house.
Talon ympäri kulkevasta leveästä verannasta saattoi nähdä vilauksia.
The house was approached by graveled driveways.
Taloa lähestyttiin sorapäällysteisiä ajoväyliä pitkin.
The paths wound about through wide-spreading lawns.
Polut kiemurtelivat laajojen nurmikoiden halki.
Overhead were the interlacing boughs of tall poplars.
Yläpuolella lomittuivat korkeiden poppelien oksat.
At the rear of the house things were on even more spacious.
Talon takaosassa oli vieläkin tilavampaa.
There were great stables, where a dozen grooms were chatting
Siellä oli suuria talleja, joissa tusina sulhasta jutteli
There were rows of vine-clad servants' cottages
Siellä oli rivejä viiniköynnösten peittämiä palvelijoiden mökkejä
And there was an endless and orderly array of outhouses
Ja siellä oli loputon ja järjestetty joukko ulkorakennuksia
Long grape arbors, green pastures, orchards, and berry patches.
Pitkät viiniköynnösmetsät, vihreät laitumet, hedelmätarhat ja marjapellot.
Then there was the pumping plant for the artesian well.

Sitten oli arteesisen kaivon pumppaamo.
And there was the big cement tank filled with water.
Ja siellä oli iso sementtisäiliö täynnä vettä.
Here Judge Miller's boys took their morning plunge.
Tässä tuomari Millerin pojat ottivat aamupulahduksensa.
And they cooled down there in the hot afternoon too.
Ja ne viilentyivät siellä myös kuumana iltapäivänä.
And over this great domain, Buck was the one who ruled all of it.
Ja tätä suurta aluetta hallitsi Buck kokonaan.
Buck was born on this land and lived here all his four years.
Buck syntyi tällä maalla ja asui täällä kaikki neljä vuotta.
There were indeed other dogs, but they did not truly matter.
Oli kyllä muitakin koiria, mutta niillä ei oikeastaan ollut väliä.
Other dogs were expected in a place as vast as this one.
Muita koiria odotettiin näin valtavassa paikassa.
These dogs came and went, or lived inside the busy kennels.
Nämä koirat tulivat ja menivät, tai asuivat kiireisissä kenneleissä.
Some dogs lived hidden in the house, like Toots and Ysabel did.
Jotkut koirat asuivat piilossa talossa, kuten Toots ja Ysabel.
Toots was a Japanese pug, Ysabel a Mexican hairless dog.
Toots oli japanilainen mopsi, Ysabel meksikolainen karvaton koira.
These strange creatures rarely stepped outside the house.
Nämä oudot olennot harvoin astuivat ulos talosta.
They did not touch the ground, nor sniff the open air outside.
Ne eivät koskeneet maahan eivätkä nuuhkineet ulkoilmaa.
There were also the fox terriers, at least twenty in number.
Siellä oli myös kettuterriereitä, ainakin kaksikymmentä.
These terriers barked fiercely at Toots and Ysabel indoors.
Nämä terrierit haukkuivat rajusti Tootsille ja Ysabelille sisällä.
Toots and Ysabel stayed behind windows, safe from harm.
Toots ja Ysabel pysyttelivät ikkunoiden takana turvassa.
They were guarded by housemaids with brooms and mops.

Heitä vartioivat kotiapulaiset luudilla ja mopeilla.

But Buck was no house-dog, and he was no kennel-dog either.

Mutta Buck ei ollut mikään sisäkoira, eikä se ollut myöskään kennelkoira.

The entire property belonged to Buck as his rightful realm.

Koko omaisuus kuului Buckille hänen laillisena valtakuntanaan.

Buck swam in the tank or went hunting with the Judge's sons.

Buck ui akvaariossa tai kävi metsästämässä tuomarin poikien kanssa.

He walked with Mollie and Alice in the early or late hours.

Hän käveli Mollien ja Alicen kanssa aamuvarhain tai myöhään.

On cold nights he lay before the library fire with the Judge.

Kylminä öinä hän makasi kirjaston takan ääressä tuomarin kanssa.

Buck gave rides to the Judge's grandsons on his strong back.

Buck ratsasti tuomarin pojanpojille vahvalla selällään.

He rolled in the grass with the boys, guarding them closely.

Hän kieriskeli ruohikossa poikien kanssa ja vartioi heitä tarkasti.

They ventured to the fountain and even past the berry fields.

He uskaltautuivat suihkulähteelle ja jopa marjapeltojen ohi.

Among the fox terriers, Buck walked with royal pride always.

Kettuterrierien joukossa Buck käveli aina kuninkaallisen ylpeänä.

He ignored Toots and Ysabel, treating them like they were air.

Hän jätti Tootsin ja Ysabelin huomiotta ja kohteli heitä kuin ilmaa.

Buck ruled over all living creatures on Judge Miller's land.

Buck hallitsi kaikkia eläviä olentoja tuomari Millerin mailla.

He ruled over animals, insects, birds, and even humans.

Hän hallitsi eläimiä, hyönteisiä, lintuja ja jopa ihmisiä.

Buck's father Elmo had been a huge and loyal St. Bernard.
Buckin isä Elmo oli ollut valtava ja uskollinen
bernhardiinikoira.
Elmo never left the Judge's side, and served him faithfully.
Elmo ei koskaan jättänyt tuomarin viertä ja palveli häntä
uskollisesti.
Buck seemed ready to follow his father's noble example.
Buck näytti olevan valmis seuraamaan isänsä jaloa esimerkkiä.
Buck was not quite as large, weighing one hundred and
forty pounds.
Buck ei ollut aivan yhtä suuri, painoi sata neljäkymmentä
paunaa.
His mother, Shep, had been a fine Scotch shepherd dog.
Hänen äitinsä, Shep, oli ollut hieno skotlanninpaimenkoira.
But even at that weight, Buck walked with regal presence.
Mutta jopa tuosta painosta huolimatta Buck käveli
majesteettisesti.
This came from good food and the respect he always
received.
Tämä johtui hyvästä ruoasta ja siitä kunnioituksesta, jota hän
aina sai.
For four years, Buck had lived like a spoiled nobleman.
Neljä vuotta Buck oli elänyt kuin hemmoteltu aatelismies.
He was proud of himself, and even slightly egotistical.
Hän oli ylpeä itsestään ja jopa hieman itsekeskeinen.
That kind of pride was common in remote country lords.
Tuollainen ylpeys oli yleistä syrjäisten maaseudun herrojen
keskuudessa.
But Buck saved himself from becoming pampered house-
dog.
Mutta Buck säästi itsensä joutumasta hemmotelluksi
kotikoiraksi.
He stayed lean and strong through hunting and exercise.
Hän pysyi hoikkana ja vahvana metsästyksen ja liikunnan
avulla.
He loved water deeply, like people who bathe in cold lakes.

Hän rakasti vettä syvästi, kuten ihmiset, jotka kylpevät kylmissä järvissä.

This love for water kept Buck strong, and very healthy.

Tämä rakkaus veteen piti Buckin vahvana ja erittäin terveenä.

This was the dog Buck had become in the fall of 1897.

Tämä oli koira, joksi Buckista oli tullut syksyllä 1897.

When the Klondike strike pulled men to the frozen North.

Kun Klondiken isku veti miehet jäiseen pohjoiseen.

People rushed from all over the world into the cold land.

Ihmiset ryntäsivät kaikkialta maailmasta kylmään maahan.

Buck, however, did not read the papers, nor understand news.

Buck ei kuitenkaan lukenut lehtiä eikä ymmärtänyt uutisia.

He did not know Manuel was a bad man to be around.

Hän ei tiennyt, että Manuelin seurassa oli huono olla.

Manuel, who helped in the garden, had a deep problem.

Manuelilla, joka auttoi puutarhassa, oli syvä ongelma.

Manuel was addicted to gambling in the Chinese lottery.

Manuel oli riippuvainen uhkapelaamisesta kiinalaisessa lottopelissä.

He also believed strongly in a fixed system for winning.

Hän uskoi myös vahvasti kiinteään voittojärjestelmään.

That belief made his failure certain and unavoidable.

Tuo uskomus teki hänen epäonnistumisestaan varmaa ja väistämätöntä.

Playing a system demands money, which Manuel lacked.

Systeemin pelaaminen vaatii rahaa, jota Manuelilta puuttui.

His pay barely supported his wife and many children.

Hänen palkkansa tuskin riitti elättämään hänen vaimoaan ja monia lapsiaan.

On the night Manuel betrayed Buck, things were normal.

Sinä yönä, jona Manuel petti Buckin, kaikki oli normaalia.

The Judge was at a Raisin Growers' Association meeting.

Tuomari oli rusinaviljelijöiden yhdistyksen kokouksessa.

The Judge's sons were busy forming an athletic club then.

Tuomarin pojat olivat tuolloin kiireisiä perustamassa urheiluseuraa.

No one saw Manuel and Buck leaving through the orchard.
Kukaan ei nähnyt Manuelia ja Buckia poistumassa
hedelmätarhan kautta.
Buck thought this walk was just a simple nighttime stroll.
Buck luuli tämän kävelyn olevan vain yksinkertainen yöllinen
kävelyretki.
They met only one man at the flag station, in College Park.
He tapasivat vain yhden miehen lippuasemalla College
Parkissa.
That man spoke to Manuel, and they exchanged money.
Tuo mies puhui Manuelille, ja he vaihtoivat rahaa.
"Wrap up the goods before you deliver them," he suggested.
"Pakkaa tavarat ennen kuin toimitat ne", hän ehdotti.
The man's voice was rough and impatient as he spoke.
Miehen ääni oli käheä ja kärsimätön hänen puhuessaan.
Manuel carefully tied a thick rope around Buck's neck.
Manuel sitoi varovasti paksun köyden Buckin kaulaan.
"Twist the rope, and you'll choke him plenty"
"Väännä köyttä, niin kuristat hänet kunnolla"
The stranger gave a grunt, showing he understood well.
Muukalainen murahti osoittaen ymmärtävänsä hyvin.
Buck accepted the rope with calm and quiet dignity that day.
Buck otti köyden vastaan tyynesti ja hiljaisen arvokkaasti sinä
päivänä.
It was an unusual act, but Buck trusted the men he knew.
Se oli epätavallinen teko, mutta Buck luotti miehiin, jotka hän
tunsi.
**He believed their wisdom went far beyond his own
thinking.**
Hän uskoi, että heidän viisautensa ylitti hänen oman
ajattelunsa rajat.
But then the rope was handed to the hands of the stranger.
Mutta sitten köysi annettiin muukalaisen käsiin.
Buck gave a low growl that warned with quiet menace.
Buck murahti matalasti, varoittaen hiljaisella uhkauksella.
**He was proud and commanding, and meant to show his
displeasure.**

Hän oli ylpeä ja käskevä, ja aikoi osoittaa tyytymättömyytensä.

Buck believed his warning would be understood as an order.

Buck uskoi, että hänen varoituksensa ymmärrettäisiin käskyksi.

To his shock, the rope tightened fast around his thick neck.

Hänen järkytykseksen köysi kiristyi tiukasti hänen paksun kaulansa ympärille.

His air was cut off and he began to fight in a sudden rage.

Hänen ilmansa salpautui ja hän alkoi äkillisesti raivoissaan taistella.

He sprang at the man, who quickly met Buck in mid-air.

Hän hyökkäsi miehen kimppuun, joka kohtasi nopeasti Buckin ilmassa.

The man grabbed Buck's throat and skillfully twisted him in the air.

Mies tarttui Buckin kurkkuun ja väänsi tätä taitavasti ilmassa.

Buck was thrown down hard, landing flat on his back.

Buck paiskautui kovaa maahan selälleen.

The rope now choked him cruelly while he kicked wildly.

Köysi kuristi häntä nyt julmasti hänen potkiessaan villisti.

His tongue fell out, his chest heaved, but gained no breath.

Hänen kielensä putosi ulos, rintakehä kohosi, mutta hän ei saanut henkeä.

He had never been treated with such violence in his life.

Häntä ei ollut koskaan elämässään kohdeltu niin väkivaltaisesti.

He had also never been filled with such deep fury before.

Hän ei myöskään ollut koskaan aiemmin tuntenut niin syvää raivoa.

But Buck's power faded, and his eyes turned glassy.

Mutta Buckin voima hiipui ja hänen silmänsä lasittuivat.

He passed out just as a train was flagged down nearby.

Hän pyörtyi juuri kun lähistöllä olevaa junaa pysäytettiin.

Then the two men tossed him into the baggage car quickly.

Sitten kaksi miestä heittivät hänet nopeasti matkatavaravaunuun.

The next thing Buck felt was pain in his swollen tongue.
Seuraavaksi Buck tunsi kipua turvonneessa kielellään.
He was moving in a shaking cart, only dimly conscious.
Hän liikkui tärisevissä kärryissä, vain hämärästi tajuissaan.
The sharp scream of a train whistle told Buck his location.
Junan pillin terävä kirkaisu kertoi Buckille hänen sijaintinsa.
He had often ridden with the Judge and knew the feeling.
Hän oli usein ratsastanut Tuomarin kanssa ja tiesi tunteen.
It was the unique jolt of traveling in a baggage car again.
Se oli ainutlaatuinen järkytys matkustaa jälleen
matkatavaravaunussa.
Buck opened his eyes, and his gaze burned with rage.
Buck avasi silmänsä ja hänen katseensa paloi raivosta.
This was the anger of a proud king taken from his throne.
Tämä oli ylpeän kuninkaan viha, joka syöstiin
valtaistuimeltaan.
A man reached to grab him, but Buck struck first instead.
Mies ojensi kätensä tarttuakseen häneen, mutta Buck iski
ensin.
He sank his teeth into the man's hand and held tightly.
Hän upotti hampaansa miehen käteen ja puristi sitä lujasti.
He did not let go until he blacked out a second time.
Hän ei päästänyt irti ennen kuin menetti tajuntansa toisen
kerran.
"Yep, has fits," the man muttered to the baggageman.
"Jep, saa kouristuskohtauksia", mies mutisi
matkatavaramiehelle.
The baggageman had heard the struggle and come near.
Matkatavaramies oli kuullut kamppailun ja tullut lähemmäs.
"I'm taking him to 'Frisco for the boss," the man explained.
– Vien hänet Friscoon pomon luo, mies selitti.
"There's a fine dog-doctor there who says he can cure them."
"Siellä on hyvä koiralääkäri, joka sanoo voivansa parantaa ne."
Later that night the man gave his own full account.
Myöhemmin samana iltana mies antoi oman täyden
kertomuksensa.
He spoke from a shed behind a saloon on the docks.

Hän puhui vajasta sataman saluunan takaa.

"All I was given was fifty dollars," he complained to the saloon man.

"Minulle annettiin vain viisikymmentä dollaria", hän valitti saluunanpitäjälle.

"I wouldn't do it again, not even for a thousand in cold cash."

"En tekisi sitä uudestaan, en edes tuhannesta eurosta käteisenä."

His right hand was tightly wrapped in a bloody cloth.

Hänen oikea kätensä oli tiukasti veriseen kankaaseen kääritty.

His trouser leg was torn wide open from knee to foot.

Hänen housunlahkeensa oli repeytynyt auki polvesta varpaaseen.

"How much did the other mug get paid?" asked the saloon man.

"Paljonko se toinen muki sai palkkaa?" kysyi kapakkamies.

"A hundred," the man replied, "he wouldn't take a cent less."

– Sata, mies vastasi, hän ei ottaisi senttiäkään vähempää.

"That comes to a hundred and fifty," the saloon man said.

– Se tekee sataviisikymmentä, sanoi kapakkamies.

"And he's worth it all, or I'm no better than a blockhead."

"Ja hän on kaiken sen arvoinen, tai en ole yhtään idioottia parempi."

The man opened the wrappings to examine his hand.

Mies avasi käänteet tutkiakseen kättään.

The hand was badly torn and crusted in dried blood.

Käsi oli pahasti repeytynyt ja kuivuneen veren peitossa.

"If I don't get the hydrophobia..." he began to say.

"Jos en saa hydrofobiaa..." hän aloitti sanomaan.

"It'll be because you were born to hang," came a laugh.

"Se johtuu siitä, että olet syntynyt hirttäytymään", kuului nauru.

"Come help me out before you get going," he was asked.

"Tule auttamaan minua ennen kuin lähdet", häntä pyydettiin.

Buck was in a daze from the pain in his tongue and throat.

Buck oli täysin sekaisin kielen ja kurkun kivusta.
He was half-strangled, and could barely stand upright.
Hän oli puoliksi kuristunut, eikä pystynyt juurikaan
seisomaan pystyssä.
Still, Buck tried to face the men who had hurt him so.
Silti Buck yritti kohdata miehet, jotka olivat satuttaneet häntä
niin paljon.
But they threw him down and choked him once again.
Mutta he heittivät hänet alas ja kuristivat hänet uudelleen.
Only then could they saw off his heavy brass collar.
Vasta sitten he saattoivat sahata irti hänen raskaan
messinkikauluksensa.
They removed the rope and shoved him into a crate.
He irrottivat köyden ja työnsivät hänet laatikkoon.
The crate was small and shaped like a rough iron cage.
Laatikko oli pieni ja muodoltaan kuin karkea rautahäkki.
**Buck lay there all night, filled with wrath and wounded
pride.**
Buck makasi siinä koko yön, täynnä vihaa ja haavoittunutta
ylpeyttä.
**He could not begin to understand what was happening to
him.**
Hän ei voinut alkaa ymmärtää, mitä hänelle tapahtui.
**Why were these strange men keeping him in this small
crate?**
Miksi nämä oudot miehet pitivät häntä tässä pienessä häkissä?
What did they want with him, and why this cruel captivity?
Mitä he häneltä halusivat, ja miksi hän oli näin julma
vankeudessa?
He felt a dark pressure; a sense of disaster drawing closer.
Hän tunsi synkän paineen; lähestyvän katastrofin tunteen.
It was a vague fear, but it settled heavily on his spirit.
Se oli epämääräinen pelko, mutta se painautui voimakkaasti
hänen mieleensä.
Several times he jumped up when the shed door rattled.
Useita kertoja hän hyppäsi ylös, kun vajan ovi helisi.
He expected the Judge or the boys to appear and rescue him.

Hän odotti tuomarin tai poikien ilmestyvän ja pelastavan
hänet.
**But only the saloon-keeper's fat face peeked inside each
time.**
Mutta joka kerta vain kapakonpitäjän paksu naama kurkisti
sisään.
The man's face was lit by the dim glow of a tallow candle.
Miehen kasvoja valaisi talikynttilän himmeä valo.
Each time, Buck's joyful bark changed to a low, angry growl.
Joka kerta Buckin iloinen haukunta muuttui matalaksi,
vihaiseksi murahdukseksi.

The saloon-keeper left him alone for the night in the crate
Kapakanpitäjä jätti hänet yksin yöksi häkkiin
But when he awoke in the morning more men were coming.
Mutta kun hän aamulla heräsi, lisää miehiä oli tulossa.
**Four men came and gingerly picked up the crate without a
word.**
Neljä miestä tuli ja nosti varovasti laatikon sanomatta
sanaakaan.
Buck knew at once the situation he found himself in.
Buck tajusi heti, missä tilanteessa hän oli.
They were further tormentors that he had to fight and fear.
Ne olivat lisää kiusaajia, joita vastaan hänen täytyi taistella ja
pelätä.
These men looked wicked, ragged, and very badly groomed.
Nämä miehet näyttivät ilkeiltä, repaleisilta ja erittäin huonosti
hoidetuilta.
Buck snarled and lunged at them fiercely through the bars.
Buck murahti ja syöksyi raivokkaasti heidän kimppuunsa
kaltereiden välistä.
**They just laughed and jabbed at him with long wooden
sticks.**
He vain nauroivat ja tökkivät häntä pitkillä puisilla kepeillä.
Buck bit at the sticks, then realized that was what they liked.
Buck puri keppejä ja tajusi sitten, että siitä ne pitivät.
So he lay down quietly, sullen and burning with quiet rage.

Niinpä hän makasi hiljaa maassa, synkkänä ja hiljaisesta raivosta hehkuen.

They lifted the crate into a wagon and drove away with him.

He nostivat laatikon vankkureihin ja ajoivat hänen kanssaan pois.

The crate, with Buck locked inside, changed hands often.

Laatikko, jonka sisällä Buck oli lukittuna, vaihtoi usein omistajaa.

Express office clerks took charge and handled him briefly.

Pikatoimiston virkailijat ottivat ohjat käsiinsä ja hoitivat hänet lyhyesti.

Then another wagon carried Buck across the noisy town.

Sitten toiset vankkurit kuljettivat Buckin meluisan kaupungin poikki.

A truck took him with boxes and parcels onto a ferry boat.

Kuorma-auto vei hänet laatikoiden ja pakettien kanssa lautalle.

After crossing, the truck unloaded him at a rail depot.

Ylityksen jälkeen kuorma-auto purki hänet rautatievarikolla.

At last, Buck was placed inside a waiting express car.

Viimein Buck sijoitettiin odottavaan pikajunaan.

For two days and nights, trains pulled the express car away.

Kahden päivän ja yön ajan junat vetivät pikavaunua pois.

Buck neither ate nor drank during the whole painful journey.

Buck ei syönyt eikä juonut koko tuskallisen matkan aikana.

When the express messengers tried to approach him, he growled.

Kun pikaviestijät yrittivät lähestyä häntä, hän murahti.

They responded by mocking him and teasing him cruelly.

He vastasivat pilkkaamalla ja kiusoittelemalla häntä julmasti.

Buck threw himself at the bars, foaming and shaking

Buck heittäytyi kaltereihin vaahtoaen ja täristen

they laughed loudly, and taunted him like schoolyard bullies.

he nauroivat äänekkäästi ja pilkkasivat häntä kuin koulukiusaajat.

They barked like fake dogs and flapped their arms.
Ne haukkuivat kuin feikkikoirat ja räpyttelivät käsiään.
They even crowed like roosters just to upset him more.
Ne jopa kiekaisivat kuin kukot vain ärsyttääkseen häntä lisää.
It was foolish behavior, and Buck knew it was ridiculous.
Se oli typerää käytöstä, ja Buck tiesi sen olevan naurettavaa.
But that only deepened his sense of outrage and shame.
Mutta se vain syvensi hänen häpeänsä ja närkästyksensä
tunnetta.
He was not bothered much by hunger during the trip.
Nälkä ei häntä matkan aikana juurikaan vaivannut.
But thirst brought sharp pain and unbearable suffering.
Mutta jano toi mukanaan terävää kipua ja sietämätöntä
kärsimystä.
His dry, inflamed throat and tongue burned with heat.
Hänen kuiva, tulehtunut kurkkunsa ja kielensä polttivat
kuumuudesta.
This pain fed the fever rising within his proud body.
Tämä kipu ruokki kuumetta, joka nousi hänen ylpeässä
ruumiissaan.
Buck was thankful for one single thing during this trial.
Buck oli kiitollinen yhdestä asiasta tämän oikeudenkäynnin
aikana.
The rope had been removed from around his thick neck.
Köysi oli poistettu hänen paksun kaulansa ympäriltä.
The rope had given those men an unfair and cruel
advantage.
Köysi oli antanut noille miehille epäreilun ja julman edun.
Now the rope was gone, and Buck swore it would never
return.
Nyt köysi oli poissa, ja Buck vannoi, ettei se koskaan palaisi.
He resolved no rope would ever go around his neck again.
Hän päätti, ettei hänen kaulansa ympärille enää koskaan
kierrettäisi köyttä.
For two long days and nights, he suffered without food.
Kaksi pitkää päivää ja yötä hän kärsi ilman ruokaa.
And in those hours, he built up an enormous rage inside.

Ja noina tunteina hänessä kasvoi valtava raivo.

His eyes turned bloodshot and wild from constant anger.

Hänen silmänsä muuttuivat verestäväksi ja villiksi jatkuvasta vihasta.

He was no longer Buck, but a demon with snapping jaws.

Hän ei ollut enää Buck, vaan demoni napsuvine leukoineen.

Even the Judge would not have known this mad creature.

Edes tuomari ei olisi tunnistanut tätä hullua olentoa.

The express messengers sighed in relief when they reached Seattle

Pikaviestimet huokaisivat helpotuksesta saapuessaan Seattleen

Four men lifted the crate and brought it to a back yard.

Neljä miestä nosti laatikon ja kantoi sen takapihalle.

The yard was small, surrounded by high and solid walls.

Piha oli pieni, korkeiden ja jykevien muurien ympäröimä.

A big man stepped out in a sagging red sweater shirt.

Iso mies astui ulos roikkuvassa punaisessa neulepaidassa.

He signed the delivery book with a thick and bold hand.

Hän allekirjoitti toimituskirjan paksulla ja rohkealla käsialalla.

Buck sensed at once that this man was his next tormentor.

Buck aavisti heti, että tämä mies oli hänen seuraava kiusaajansa.

He lunged violently at the bars, eyes red with fury.

Hän syöksyi rajusti kaltereita kohti, silmät raivosta punaisena.

The man just smiled darkly and went to fetch a hatchet.

Mies vain hymyili synkästi ja meni hakemaan kirvestä.

He also brought a club in his thick and strong right hand.

Hän toi mukanaan myös mailan paksussa ja vahvassa oikeassa kädessään.

"You going to take him out now?" the driver asked, concerned.

"Aiotko viedä hänet nyt?" kuljettaja kysyi huolestuneena.

"Sure," said the man, jamming the hatchet into the crate as a lever.

– Totta kai, mies sanoi ja iski kirveen laatikkoon vivuksi.

The four men scattered instantly, jumping up onto the yard wall.

Neljä miestä hajaantuivat välittömästi ja hyppäsivät pihan muurille.

From their safe spots above, they waited to watch the spectacle.

Turvallisista paikoistaan ylhäältä he odottivat nähdäkseen näytelmän.

Buck lunged at the splintered wood, biting and shaking fiercely.

Buck syöksyi sirpaleisen puun kimppuun purren ja täristen rajusti.

Each time the hatchet hit the cage), Buck was there to attack it.

Joka kerta, kun kirves osui häkkiin, Buck oli paikalla hyökkäämässä sitä vastaan.

He growled and snapped with wild rage, eager to be set free.

Hän murahti ja tiuskaisi villin raivon vallassa, haluten päästä vapaaksi.

The man outside was calm and steady, intent on his task.

Ulkona oleva mies oli rauhallinen ja vakaa, keskittynyt tehtäväänsä.

"Right then, you red-eyed devil," he said when the hole was large.

"Niinpä sitten, punasilmäinen paholainen", hän sanoi, kun reikä oli jo suuri.

He dropped the hatchet and took the club in his right hand.

Hän pudotti kirveen ja otti pailan oikeaan käteensä.

Buck truly looked like a devil; eyes bloodshot and blazing.

Buck näytti todellakin paholaiselta; silmät verestävät ja hehkuvat.

His coat bristled, foam frothed at his mouth, eyes glinting.

Hänen takkinsa pystyi, vaahtoa nousi suussa ja silmät loistivat.

He bunched his muscles and sprang straight at the red sweater.

Hän jännitti lihaksensa ja ryntäsi suoraan punaisen villapaidan kimppuun.

One hundred and forty pounds of fury flew at the calm man.

Sata neljäkymmentä kiloa raivoa sinkoutui tyyntä miestä kohti.

Just before his jaws clamped shut, a terrible blow struck him.

Juuri ennen kuin hänen leukansa sulkeutuivat, häntä iski hirvittävä isku.

His teeth snapped together on nothing but air

Hänen hampaansa napsahtivat yhteen pelkästä ilmasta

a jolt of pain reverberated through his body

tuskanjyrähdys kaikui hänen kehossaan

He flipped midair and crashed down on his back and side.

Hän pyörähti ilmassa ja kaatui selälleen ja kyljelleen.

He had never before felt a club's blow and could not grasp it.

Hän ei ollut koskaan ennen tuntenut pailan iskua eikä pystynyt tarttumaan siihen.

With a shrieking snarl, part bark, part scream, he leaped again.

Kirkuvan murahduksen, osaksi haukkumisen, osaksi kirkaisun saattelemana se hyppäsi uudelleen.

Another brutal strike hit him and hurled him to the ground.

Toinen raju isku osui häneen ja paiskasi hänet maahan.

This time Buck understood—it was the man's heavy club.

Tällä kertaa Buck ymmärsi – se oli miehen painava nuija.

But rage blinded him, and he had no thought of retreat.

Mutta raivo sokaisi hänet, eikä hän ajatellutkaan perääntymistä.

Twelve times he launched himself, and twelve times he fell.

Kaksitoista kertaa hän syöksyi karkuun ja kaksitoista kertaa putosi.

The wooden club smashed him each time with ruthless, crushing force.

Puinen nuija iski häntä joka kerta armottomalla, murskaavalla voimalla.

After one fierce blow, he staggered to his feet, dazed and slow.

Yhden rajua iskua jälkeen hän horjahti jaloilleen, hämmentyneenä ja hitaasti.

Blood ran from his mouth, his nose, and even his ears.

Verta valui hänen suustaan, nenästään ja jopa korvistaan.

His once-beautiful coat was smeared with bloody foam.

Hänen kerran niin kaunis turkkinsa oli tahriintunut verisestä vaahdosta.

Then the man stepped up and struck a wicked blow to the nose.

Sitten mies astui esiin ja iski ilkeän iskun nenään.

The agony was sharper than anything Buck had ever felt.

Tuska oli ankarampaa kuin mikään, mitä Buck oli koskaan tuntenut.

With a roar more beast than dog, he leaped again to attack.

Karjuen, joka oli enemmän petomainen kuin koiran, hän hyppäsi jälleen hyökkäämään.

But the man caught his lower jaw and twisted it backward.

Mutta mies otti kiinni alaleuastaan ja käänsi sen taaksepäin.

Buck flipped head over heels, crashing down hard again.

Buck pyörähti korviaan myöten ja kaatui jälleen rajusti.

One final time, Buck charged at him, now barely able to stand.

Vielä kerran Buck hyökkäsi hänen kimppuunsa, nyt tuskin pystyen seisomaan.

The man struck with expert timing, delivering the final blow.

Mies iski asiantuntevasti ajoitettuna ja antoi viimeisen iskun.

Buck collapsed in a heap, unconscious and unmoving.

Buck lysähti kasaksi, tajuttomana ja liikkumattomana.

"He's no slouch at dog-breaking, that's what I say," a man yelled.

"Hän ei ole mikään laiska koirien rikkomisessa, sitä minä sanon", mies huusi.

"Druther can break the will of a hound any day of the week."

"Druther voi murtaa ajokoiran tahdon minä tahansa viikonpäivänä."

"And twice on a Sunday!" added the driver.

"Ja kahdesti sunnuntaina!" kuljettaja lisäsi.

He climbed into the wagon and cracked the reins to leave.

Hän kiipesi vankkureihin ja napsautti ohjaksia lähteäkseen.

Buck slowly regained control of his consciousness

Buck sai hitaasti tajuntansa hallintaansa takaisin.

but his body was still too weak and broken to move.

mutta hänen ruumiinsa oli vielä liian heikko ja rikki liikkuakseen.

He lay where he had fallen, watching the red-sweatered man.

Hän makasi siinä, mihin oli kaatunut, ja katseli punavillaista miestä.

"He answers to the name of Buck," the man said, reading aloud.

– Hän vastaa nimelle Buck, mies sanoi lukiessaan ääneen.

He quoted from the note sent with Buck's crate and details.

Hän lainasi Buckin laatikon mukana lähetettyä viestiä ja tietoja.

"Well, Buck, my boy," the man continued with a friendly tone,

"No niin, Buck, poikani", mies jatkoi ystävälliseen sävyyn,

"we've had our little fight, and now it's over between us."

"Meillä oli pieni riitamme, ja nyt se on ohi meidän välillämme."

"You've learned your place, and I've learned mine," he added.

"Sinä olet oppinut paikkasi, ja minä olen oppinut omani", hän lisäsi.

"Be good, and all will go well, and life will be pleasant."

"Ole kiltti, niin kaikki menee hyvin ja elämä on ihanaa."

"But be bad, and I'll beat the stuffing out of you, understand?"

"Mutta ole tuhma, niin hakkaan sinut kuoliaaksi, ymmärrätkö?"

As he spoke, he reached out and patted Buck's sore head.

Puhuessaan hän ojensi kätensä ja taputti Buckin kipeää päätä.

Buck's hair rose at the man's touch, but he didn't resist.

Buckin hiukset nousivat pystyyn miehen kosketuksesta, mutta hän ei vastustellut.

The man brought him water, which Buck drank in great gulps.

Mies toi hänelle vettä, jota Buck joi suurin kulauksin.

Then came raw meat, which Buck devoured chunk by chunk.

Sitten tuli raakaa lihaa, jota Buck ahmi pala palalta.

He knew he was beaten, but he also knew he wasn't broken.

Hän tiesi olevansa lyöty, mutta tiesi myös, ettei ollut murtunut.

He had no chance against a man armed with a club.

Hänellä ei ollut mitään mahdollisuuksia pamppua aseistautunutta miestä vastaan.

He had learned the truth, and he never forgot that lesson.

Hän oli oppinut totuuden, eikä hän koskaan unohtanut sitä läksyä.

That weapon was the beginning of law in Buck's new world.

Tuo ase oli lain alku Buckin uudessa maailmassa.

It was the start of a harsh, primitive order he could not deny.

Se oli alku ankaralle, alkeelliselle järjestykselle, jota hän ei voinut kieltää.

He accepted the truth; his wild instincts were now awake.

Hän hyväksyi totuuden; hänen villit vaistonsa olivat nyt hereillä.

The world had grown harsher, but Buck faced it bravely.

Maailma oli käynyt ankarammaksi, mutta Buck kohtasi sen rohkeasti.

He met life with new caution, cunning, and quiet strength.

Hän kohtasi elämän uudella varovaisuudella, oveluudella ja hiljaisella voimalla.

More dogs arrived, tied in ropes or crates like Buck had been.

Lisää koiria saapui, köysiin tai laatikoihin sidottuina, kuten Buck oli ollut.

Some dogs came calmly, others raged and fought like wild beasts.

Jotkut koirat tulivat rauhallisesti, toiset raivosivat ja taistelivat kuin villipedot.

All of them were brought under the rule of the red-sweatered man.

Heidät kaikki saatettiin punavillaisen miehen vallan alle.

Each time, Buck watched and saw the same lesson unfold.

Joka kerta Buck katseli ja näki saman opetuksen avautuvan.

The man with the club was law; a master to be obeyed.

Mies pamppuineen oli laki; isäntä, jota piti totella.

He did not need to be liked, but he had to be obeyed.

Häntä ei tarvinnut pitää, mutta häntä piti totella.

Buck never fawned or wagged like the weaker dogs did.

Buck ei koskaan imarrellut tai heiluttanut itseään niin kuin heikommat koirat tekivät.

He saw dogs that were beaten and still licked the man's hand.

Hän näki hakattuja koiria, jotka silti nuolivat miehen kättä.

He saw one dog who would not obey or submit at all.

Hän näki yhden koiran, joka ei totellut eikä alistunut lainkaan.

That dog fought until he was killed in the battle for control.

Tuo koira taisteli, kunnes se kuoli vallasta käydyssä taistelussa.

Strangers would sometimes come to see the red-sweatered man.

Muukalaiset tulivat joskus katsomaan punavillaista miestä.

They spoke in strange tones, pleading, bargaining, and laughing.

He puhuivat oudolla äänellä, aneleen, neuvotellen ja nauraen.

When money was exchanged, they left with one or more dogs.

Kun rahaa vaihdettiin, he lähtivät yhden tai useamman koiran kanssa.

Buck wondered where these dogs went, for none ever returned.

Buck ihmetteli, minne nämä koirat olivat menneet, sillä yksikään ei koskaan palannut.

fear of the unknown filled Buck every time a strange man came

Tuntemattoman pelko täytti Buckin joka kerta, kun vieras mies tuli

he was glad each time another dog was taken, rather than himself.

Hän oli iloinen joka kerta, kun otettiin joku toinen koira itsensä sijaan.

But finally, Buck's turn came with the arrival of a strange man.

Mutta lopulta Buckin vuoro koitti oudon miehen saapuessa.

He was small, wiry, and spoke in broken English and curses.

Hän oli pieni, jäntevä ja puhui murteella englannilla ja kiroili.

"Sacredam!" he yelled when he laid eyes on Buck's frame.

"Pyhä päivä!" hän huusi nähdessään Buckin rungon.

"That's one damn bully dog! Eh? How much?" he asked aloud.

"Onpa tuo yksi pirun kiusaaja! Häh? Paljonko?" hän kysyi ääneen.

"Three hundred, and he's a present at that price,"

"Kolmesataa, ja hän on lahja tuolla hinnalla,"

"Since it's government money, you shouldn't complain, Perrault."

"Koska kyse on valtion rahasta, sinun ei pitäisi valittaa, Perrault."

Perrault grinned at the deal he had just made with the man.

Perrault virnisti juuri miehen kanssa tekemälleen sopimukselle.

The price of dogs had soared due to the sudden demand.

Koirien hinnat olivat nousseet pilviin äkillisen kysynnän vuoksi.

Three hundred dollars wasn't unfair for such a fine beast.

Kolmesataa dollaria ei ollut epäreilua noin hienolle eläimelle.

The Canadian Government would not lose anything in the deal

Kanadan hallitus ei menettäisi sopimuksessa mitään

Nor would their official dispatches be delayed in transit.

Eivätkä heidän viralliset lähetyksensä viivästyisi kuljetuksen aikana.

Perrault knew dogs well, and could see Buck was something rare.

Perrault tunsi koirat hyvin ja näki Buckin olevan ainutlaatuinen.

"One in ten ten-thousand," he thought, as he studied Buck's build.

"Yksi kymmenestä kymmenestätuhannesta", hän ajatteli tarkastellessaan Buckin vartaloa.

Buck saw the money change hands, but showed no surprise.

Buck näki rahojen vaihtavan omistajaa, mutta ei osoittanut yllätystä.

Soon he and Curly, a gentle Newfoundland, were led away.

Pian hänet ja Kihara, lempeä newfoundlandinkoira, vietiin pois.

They followed the little man from the red sweater's yard.

He seurasivat pientä miestä punaisen villapaidan pihalta.

That was the last Buck ever saw of the man with the wooden club.

Se oli viimeinen kerta, kun Buck näki puisen kepin miehen.

From the Narwhal's deck he watched Seattle fade into the distance.

Narwhalin kannelta hän katseli Seattlen katoavan kaukaisuuteen.

It was also the last time he ever saw the warm Southland.

Se oli myös viimeinen kerta, kun hän näki lämpimän Etelän.

Perrault took them below deck, and left them with François.

Perrault vei heidät kannen alapuolelle ja jätti heidät François'n huostaan.

François was a black-faced giant with rough, calloused hands.

François oli mustakasvoinen jättiläinen, jolla oli karheat, kovettuneet kädet.

He was dark and swarthy; a half-breed French-Canadian.

Hän oli tumma ja tummaihoinen; puoliverinen ranskalais-kanadalainen.

To Buck, these men were of a kind he had never seen before.

Buckille nämä miehet olivat sellaisia, joita hän ei ollut koskaan ennen nähnyt.

He would come to know many such men in the days ahead.

Hän tulisi tutustumaan moniin tällaisiin miehiin tulevina päivinä.

He did not grow fond of them, but he came to respect them.

Hän ei kiintynyt heihin, mutta hän oppi kunnioittamaan heitä.

They were fair and wise, and not easily fooled by any dog.

Ne olivat oikeudenmukaisia ja viisaita, eikä mikään koira voinut niitä helposti hämätä.

They judged dogs calmly, and punished only when deserved.

He tuomitsivat koirat rauhallisesti ja rankaisivat vain ansaitusti.

In the Narwhal's lower deck, Buck and Curly met two dogs.

Narwhalin alakannella Buck ja Kihara tapasivat kaksi koiraa.

One was a large white dog from far-off, icy Spitzbergen.

Yksi oli suuri valkoinen koira kaukaisesta, jäisestä Huippuvuorten alueelta.

He'd once sailed with a whaler and joined a survey group.

Hän oli kerran purjehtinut valaanpyyntialuksen kanssa ja liittynyt tutkimusryhmään.

He was friendly in a sly, underhanded and crafty fashion.

Hän oli ystävällinen ovelalla, salakavalalla ja viekkaalla tavalla.

At their first meal, he stole a piece of meat from Buck's pan.

Ensimmäisellä aterialllaan hän varasti palan lihaa Buckin pannulta.

Buck jumped to punish him, but François's whip struck first.

Buck hyppäsi rangaistakseen häntä, mutta François'n ruoska osui ensin.

The white thief yelped, and Buck reclaimed the stolen bone.

Valkoinen varas kiljaisi, ja Buck sai varastetun luun takaisin.

That fairness impressed Buck, and François earned his respect.

Tuo oikeudenmukaisuus teki vaikutuksen Buckiin, ja François ansaitsi hänen kunnioituksensa.

The other dog gave no greeting, and wanted none in return.

Toinen koira ei tervehtinyt eikä halunnutkaan tervehdystä vastapalvelukseen.

He didn't steal food, nor sniff at the new arrivals with interest.

Hän ei varastanut ruokaa eikä nuuhkinut tulokkaita kiinnostuneena.

This dog was grim and quiet, gloomy and slow-moving.

Tämä koira oli synkkä ja hiljainen, synkkä ja hidasliikkeinen.

He warned Curly to stay away by simply glaring at her.

Hän varoitti Kiharaa pysymään poissa tuijottamalla tätä vihaisesti.

His message was clear; leave me alone or there'll be trouble.

Hänen viestinsä oli selvä: jätä minut rauhaan tai tulee ongelmia.

He was called Dave, and he barely noticed his surroundings.

Häntä kutsuttiin Daveksi, ja hän tuskin huomasi ympäristöään.

He slept often, ate quietly, and yawned now and again.

Hän nukkui usein, söi hiljaa ja haukotteli silloin tällöin.

The ship hummed constantly with the beating propeller below.

Laiva humisi jatkuvasti alapuolellaan hakkaavan potkurin kanssa.

Days passed with little change, but the weather got colder.

Päivät kuluivat lähes muuttumattomina, mutta sää kylmeni.

Buck could feel it in his bones, and noticed the others did too.

Buck tunsi sen luissaan ja huomasi muidenkin tekevän niin.
Then one morning, the propeller stopped and all was still.
Sitten eräänä aamuna potkuri pysähtyi ja kaikki oli tyyntä.
An energy swept through the ship; something had changed.
Energia pyyhkäisi läpi aluksen; jokin oli muuttunut.
François came down, clipped them on leashes, and brought them up.
François tuli alas, laittoi ne hihnaan ja nosti ne ylös.
Buck stepped out and found the ground soft, white, and cold.
Buck astui ulos ja huomasi maan olevan pehmeä, valkoinen ja kylmä.
He jumped back in alarm and snorted in total confusion.
Hän hyppäsi taaksepäin säikähtäneenä ja murahti täysin hämmentyneenä.
Strange white stuff was falling from the gray sky.
Harmaalta taivaalta putosi outoa valkoista ainetta.
He shook himself, but the white flakes kept landing on him.
Hän ravisteli itseään, mutta valkoiset hiutaleet laskeutuivat yhä uudelleen hänen päälleen.
He sniffed the white stuff carefully and licked at a few icy bits.
Hän nuuhki valkoista ainetta varovasti ja nuoli muutaman jäisen palan.
The powder burned like fire, then vanished right off his tongue.
Jauhe poltti kuin tuli ja katosi sitten suoraan hänen kielellään.
Buck tried again, puzzled by the odd vanishing coldness.
Buck yritti uudelleen, hämmentyneenä oudon katoavan kylmyyden vuoksi.
The men around him laughed, and Buck felt embarrassed.
Miehet hänen ympärillään nauroivat, ja Buck tunsi olonsa noloksi.
He didn't know why, but he was ashamed of his reaction.
Hän ei tiennyt miksi, mutta hän häpesi reaktiotaan.
It was his first experience with snow, and it confused him.

Se oli hänen ensimmäinen kokemuksensa lumen kanssa, ja se
hämmensi häntä.

The Law of Club and Fang
Keila ja kulmahammas -laki

**Buck's first day on the Dyea beach felt like a terrible
nightmare.**
Buckin ensimmäinen päivä Dyean rannalla tuntui kamalalta
painajaiselta.
**Each hour brought new shocks and unexpected changes for
Buck.**
Jokainen tunti toi Buckille uusia yllätyksiä ja odottamattomia
muutoksia.
**He had been pulled from civilization and thrown into wild
chaos.**
Hänet oli vedetty irti sivilisaatiosta ja heitetty villiin
kaaokseen.
This was no sunny, lazy life with boredom and rest.
Tämä ei ollut aurinkoista, laiskaa elämää tylsistyneenä ja
levollisena.
There was no peace, no rest, and no moment without danger.
Ei ollut rauhaa, ei lepoa, eikä hetkeäkään ilman vaaraa.
Confusion ruled everything, and danger was always close.
Hämmennys hallitsi kaikkea, ja vaara oli aina lähellä.
**Buck had to stay alert because these men and dogs were
different.**
Buckin täytyi pysyä valppaana, koska nämä miehet ja koirat
olivat erilaisia.
**They were not from towns; they were wild and without
mercy.**
He eivät olleet kotoisin kaupungeista; he olivat villejä ja
armottomia.

These men and dogs only knew the law of club and fang.
Nämä miehet ja koirat tunsivat vain kepin ja hampaiden lain.
Buck had never seen dogs fight like these savage huskies.
Buck ei ollut koskaan nähnyt koirien taistelevan niin kuin nämä villit huskyt.
His first experience taught him a lesson he would never forget.
Ensimmäinen kokemus opetti hänelle läksyn, jota hän ei koskaan unohtaisi.
He was lucky it was not him, or he would have died too.
Hän oli onnekas, ettei se ollut hän, tai hänkin olisi kuollut.
Curly was the one who suffered while Buck watched and learned.
Kihara kärsi, kun taas Buck katseli ja oppi.
They had made camp near a store built from logs.
He olivat pystyttäneet leirin hirsistä rakennetun varaston lähelle.
Curly tried to be friendly to a large, wolf-like husky.
Kihara yritti olla ystävällinen suurelle, suden kaltaiselle huskylle.
The husky was smaller than Curly, but looked wild and mean.
Husky oli Kiharaa pienempi, mutta näytti villiltä ja ilkeältä.
Without warning, he jumped and slashed her face open.
Yhtäkkiä hän hyppäsi ja viilsi naisen kasvot auki.
His teeth cut from her eye down to her jaw in one move.
Hänen hampaansa leikkasivat yhdellä liikkeellä naisen silmästä leukaan.
This was how wolves fought—hit fast and jump away.
Näin sudet taistelivat – iskivät nopeasti ja hyppäsivät karkuun.
But there was more to learn than from that one attack.
Mutta opittavaa oli enemmän kuin vain tuosta yhdestä hyökkäyksestä.
Dozens of huskies rushed in and made a silent circle.
Kymmeniä huskyja ryntäsi sisään ja teki hiljaisen piirin.
They watched closely and licked their lips with hunger.

He katselivat tarkasti ja nuolivat huuliaan nälkäisinä.
Buck didn't understand their silence or their eager eyes.
Buck ei ymmärtänyt heidän hiljaisuuttaan eikä heidän innokkaita katseitaan.
Curly rushed to attack the husky a second time.
Kihara ryntäsi hyökkäämään huskyn kimppuun toisen kerran.
He used his chest to knock her over with a strong move.
Hän käytti rintaansa lyödäkseen hänet kumoon voimakkaalla liikkeellä.
She fell on her side and could not get back up.
Hän kaatui kyljelleen eikä päässyt enää ylös.
That was what the others had been waiting for all along.
Sitähän muut olivat odottaneet koko ajan.
The huskies jumped on her, yelping and snarling in a frenzy.
Huskyt hyppäsivät hänen kimppuunsa raivokkaasti ulvoen ja muristen.
She screamed as they buried her under a pile of dogs.
Hän huusi, kun hänet haudattiin koirakasan alle.
The attack was so fast that Buck froze in place with shock.
Hyökkäys oli niin nopea, että Buck jähmettyi paikoilleen järkytyksestä.
He saw Spitz stick out his tongue in a way that looked like a laugh.
Hän näki Spitzin työntävän kieltään ulos tavalla, joka kuulosti naurulta.
François grabbed an axe and ran straight into the group of dogs.
François nappasi kirveen ja juoksi suoraan koiraparven kimppuun.
Three other men used clubs to help beat the huskies away.
Kolme muuta miestä käyttivät nuijia apunaan ajaakseen huskyt pois.
In just two minutes, the fight was over and the dogs were gone.
Vain kahdessa minuutissa taistelu oli ohi ja koirat olivat poissa.

Curly lay dead in the red, trampled snow, her body torn apart.

Kihara makasi kuolleena punaisessa, tallatussa lumessa, hänen ruumiinsa oli revitty kappaleiksi.

A dark-skinned man stood over her, cursing the brutal scene.

Tummaihoinen mies seisoi hänen yläpuolellaan ja kirosi julmaa näkyä.

The memory stayed with Buck and haunted his dreams at night.

Muisto jäi Buckin mieleen ja kummitteli hänen unissaan öisin.

That was the way here; no fairness, no second chance.

Näin se täällä oli; ei reilua, ei toista mahdollisuutta.

Once a dog fell, the others would kill without mercy.

Kun koira kaatui, muut tappoivat sen armotta.

Buck decided then that he would never allow himself to fall.

Buck päätti silloin, ettei hän koskaan antaisi itsensä kaatua.

Spitz stuck out his tongue again and laughed at the blood.

Spitz työnsi taas kielensä ulos ja nauroi verelle.

From that moment on, Buck hated Spitz with all his heart.

Siitä hetkestä lähtien Buck vihasi Spitziä koko sydämestään.

Before Buck could recover from Curly's death, something new happened.

Ennen kuin Buck ehti toipua Kiharan kuolemasta, tapahtui jotain uutta.

François came over and strapped something around Buck's body.

François tuli paikalle ja sitoi jotakin Buckin ympärille.

It was a harness like the ones used on horses at the ranch.

Ne olivat samanlaiset valjaat kuin ne, joita käytetään hevosilla maatilalla.

As Buck had seen horses work, now he was made to work too.

Niin kuin Buck oli nähnyt hevosten työskentelevän, nyt hänetkin pakotettiin työskentelemään.

He had to pull François on a sled into the forest nearby.

Hänen täytyi vetää François reellä läheiseen metsään.
Then he had to pull back a load of heavy firewood.
Sitten hänen täytyi vetää takaisin kuorma raskasta
polttopuuta.
**Buck was proud, so it hurt him to be treated like a work
animal.**
Buck oli ylpeä, joten häntä satutti, että häntä kohdeltiin kuin
työeläintä.
But he was wise and didn't try to fight the new situation.
Mutta hän oli viisas eikä yrittänyt taistella uutta tilannetta
vastaan.
He accepted his new life and gave his best in every task.
Hän hyväksyi uuden elämän ja antoi kaikkensa jokaisessa
tehtävässä.
**Everything about the work was strange and unfamiliar to
him.**
Kaikki työssä oli hänelle outoa ja tuntematonta.
François was strict and demanded obedience without delay.
François oli tiukka ja vaati tottelevaisuutta viipymättä.
**His whip made sure that every command was followed at
once.**
Hänen ruoskansa varmisti, että jokaista käskyä noudatettiin
välittömästi.
Dave was the wheeler, the dog nearest the sled behind Buck.
Dave oli reenkuljettaja, koira lähimpänä rekeä Buckin takana.
Dave bit Buck on the back legs if he made a mistake.
Dave puri Buckia takajalkoihin, jos tämä oli tehnyt virheen.
Spitz was the lead dog, skilled and experienced in the role.
Spitz oli johtava koira, taitava ja kokenut roolissaan.
Spitz could not reach Buck easily, but still corrected him.
Spitz ei päässyt helposti Buckin luo, mutta oikaisi häntä silti.
**He growled harshly or pulled the sled in ways that taught
Buck.**
Hän murahti karkeasti tai veti rekeä tavoilla, jotka opettivat
Buckia.
**Under this training, Buck learned faster than any of them
expected.**

Tämän koulutuksen avulla Buck oppi nopeammin kuin kukaan heistä odotti.

He worked hard and learned from both François and the other dogs.

Hän työskenteli ahkerasti ja oppi sekä François'lta että muilta koirilta.

By the time they returned, Buck already knew the key commands.

Palatessaan Buck oli jo osannut tärkeimmät komennot.

He learned to stop at the sound of "ho" from François.

Hän oppi pysähtymään François'n kuullessa "ho".

He learned when he had to pull the sled and run.

Hän oppi, kun hänen piti vetää rekeä ja juosta.

He learned to turn wide at bends in the trail without trouble.

Hän oppi kääntymään leveälle polun mutkissa ilman vaikeuksia.

He also learned to avoid Dave when the sled went downhill fast.

Hän oppi myös väistelemään Davea, kun kelkka meni nopeasti alamäkeen.

"They're very good dogs," François proudly told Perrault.

– Ne ovat oikein kilttejä koiria, François sanoi ylpeänä Perraultille.

"That Buck pulls like hell—I teach him quick as anything."

"Tuo Buck vetää kuin hemmetti – minä opetan hänelle kuin heinänteko."

Later that day, Perrault came back with two more husky dogs.

Myöhemmin samana päivänä Perrault palasi kahden muun huskykoiran kanssa.

Their names were Billee and Joe, and they were brothers.

Heidän nimensä olivat Billee ja Joe, ja he olivat veljeksiä.

They came from the same mother, but were not alike at all.

He tulivat samasta äidistä, mutta eivät olleet lainkaan samanlaisia.

Billee was sweet-natured and too friendly with everyone.

Billee oli suloinen ja liian ystävällinen kaikkia kohtaan.
Joe was the opposite—quiet, angry, and always snarling.
Joe oli päinvastainen – hiljainen, vihainen ja aina muriseva.
Buck greeted them in a friendly way and was calm with both.
Buck tervehti heitä ystävällisesti ja oli rauhallinen molempia kohtaan.
Dave paid no attention to them and stayed silent as usual.
Dave ei kiinnittänyt heihin huomiota ja pysyi hiljaa kuten tavallista.
Spitz attacked first Billee, then Joe, to show his dominance.
Spitz hyökkäsi ensin Billeen ja sitten Joen kimppuun osoittaakseen ylivoimansa.
Billee wagged his tail and tried to be friendly to Spitz.
Billee heilutti häntäänsä ja yritti olla ystävällinen Spitzille.
When that didn't work, he tried to run away instead.
Kun sekään ei toiminut, hän yritti sen sijaan paeta.
He cried sadly when Spitz bit him hard on the side.
Hän itki surullisesti, kun Spitz puri häntä lujaa kylkeen.
But Joe was very different and refused to be bullied.
Mutta Joe oli hyvin erilainen eikä antanut kiusaamisen tulla hoidetuksi.
Every time Spitz came near, Joe spun to face him fast.
Joka kerta kun Spitz tuli lähelle, Joe pyörähti nopeasti häntä kohti.
His fur bristled, his lips curled, and his teeth snapped wildly.
Hänen turkkinsa nousi pystyyn, huulet käpertyivät ja hampaat napsahtivat villisti.
Joe's eyes gleamed with fear and rage, daring Spitz to strike.
Joen silmät loistivat pelosta ja raivosta, kun hän uhkasi Spitziä iskemään.
Spitz gave up the fight and turned away, humiliated and angry.
Spitz luovutti taistelun ja kääntyi poispäin, nöyryytettynä ja vihaisena.

He took out his frustration on poor Billee and chased him away.

Hän purkasi turhautumistaan raukaan Billeeen ja ajoi tämän pois.

That evening, Perrault added one more dog to the team.

Sinä iltana Perrault lisäsi joukkueeseen yhden koiran lisää.

This dog was old, lean, and covered in battle scars.

Tämä koira oli vanha, laiha ja täynnä taisteluarpia.

One of his eyes was missing, but the other flashed with power.

Toinen hänen silmästään puuttui, mutta toinen loisti voimakkaasti.

The new dog's name was Solleks, which meant the Angry One.

Uuden koiran nimi oli Solleks, joka tarkoitti Vihaista.

Like Dave, Solleks asked nothing from others, and gave nothing back.

Daven tavoin Solleks ei pyytänyt mitään muilta eikä antanut mitään takaisin.

When Solleks walked slowly into camp, even Spitz stayed away.

Kun Solleks käveli hitaasti leiriin, jopa Spitz pysyi poissa.

He had a strange habit that Buck was unlucky to discover.

Hänellä oli outo tapa, jonka Buck valitettavasti löysi.

Solleks hated being approached on the side where he was blind.

Solleks vihasi sitä, että häntä lähestyttiin siltä puolelta, jolla hän oli sokea.

Buck did not know this and made that mistake by accident.

Buck ei tiennyt tätä ja teki tuon virheen vahingossa.

Solleks spun around and slashed Buck's shoulder deep and fast.

Solleks pyörähti ympäri ja viilsi Buckin olkapäätä syvään ja nopeasti.

From that moment on, Buck never came near Solleks' blind side.

Siitä hetkestä lähtien Buck ei koskaan päässyt Solleksin sokkopuolelle.

They never had trouble again for the rest of their time together.

Heillä ei ollut enää koskaan ongelmia loppuaikanaan yhdessä.

Solleks wanted only to be left alone, like quiet Dave.

Solleks halusi vain olla rauhassa, kuten hiljainen Dave.

But Buck would later learn they each had another secret goal.

Mutta Buck saisi myöhemmin tietää, että heillä molemmilla oli toinen salainen tavoite.

That night Buck faced a new and troubling challenge — how to sleep.

Sinä yönä Buck kohtasi uuden ja häiritsevän haasteen – miten nukkua.

The tent glowed warmly with candlelight in the snowy field.

Teltta hohti lämpimästi kynttilänvalossa lumisilla niityillä.

Buck walked inside, thinking he could rest there like before.

Buck käveli sisään ajatellen, että hän voisi levätä siellä kuten ennenkin.

But Perrault and François yelled at him and threw pans.

Mutta Perrault ja François huusivat hänelle ja heittelivät pannuja.

Shocked and confused, Buck ran out into the freezing cold.

Järkyttyneenä ja hämmentyneenä Buck juoksi ulos jäätävään kylmyyteen.

A bitter wind stung his wounded shoulder and froze his paws.

Karva tuuli kirpaisi hänen haavoittunutta olkapäätään ja jäädytti hänen tassunsa.

He lay down in the snow and tried to sleep out in the open.

Hän makasi lumessa ja yritti nukkua ulkona.

But the cold soon forced him to get back up, shaking badly.

Mutta kylmyys pakotti hänet pian nousemaan takaisin ylös, täristen pahasti.

He wandered through the camp, trying to find a warmer spot.

Hän vaelteli leirin läpi yrittäen löytää lämpimämpää paikkaa.
But every corner was just as cold as the one before.
Mutta jokainen nurkka oli yhtä kylmä kuin edellinen.
Sometimes savage dogs jumped at him from the darkness.
Joskus villikoirat hyppäsivät hänen kimppuunsa pimeydestä.
Buck bristled his fur, bared his teeth, and snarled with warning.
Buck nosti turkkinsa pystyyn, paljasti hampaansa ja murahti varoittavasti.
He was learning fast, and the other dogs backed off quickly.
Hän oppi nopeasti, ja muut koirat perääntyivät nopeasti.
Still, he had no place to sleep, and no idea what to do.
Silti hänellä ei ollut paikkaa nukkua, eikä aavistustakaan, mitä tehdä.
At last, a thought came to him—check on his team-mates.
Viimein hänelle tuli mieleen ajatus – tarkistaa joukkuetoverinsa.
He returned to their area and was surprised to find them gone.
Hän palasi heidän alueelleen ja yllättyi huomatessaan heidän lähteneen.
Again he searched the camp, but still could not find them.
Hän etsi leiriä uudelleen, mutta ei vieläkään löytänyt heitä.
He knew they could not be in the tent, or he would be too.
Hän tiesi, etteivät he voisivat olla teltassa, tai hänkin olisi.
So where had all the dogs gone in this frozen camp?
Minne kaikki koirat olivat menneet tässä jäätyneessä leirissä?
Buck, cold and miserable, slowly circled around the tent.
Kylmänä ja kurjana Buck kiersi hitaasti teltan ympäri.
Suddenly, his front legs sank into soft snow and startled him.
Yhtäkkiä hänen etujalkansa upposivat pehmeään lumeen ja säikäyttivät hänet.
Something wriggled under his feet, and he jumped back in fear.
Jokin värähti hänen jalkojensa alla, ja hän hyppäsi peloissaan taaksepäin.

He growled and snarled, not knowing what lay beneath the snow.

Hän murahti ja ärähti tietämättä, mitä lumen alla oli.

Then he heard a friendly little bark that eased his fear.

Sitten hän kuuli ystävällisen pienen haukun, joka lievitti hänen pelkoaan.

He sniffed the air and came closer to see what was hidden.

Hän nuuhki ilmaa ja tuli lähemmäs nähdäkseen, mitä piilossa oli.

Under the snow, curled into a warm ball, was little Billee.

Lumen alla, lämpimäksi palloksi käpertyneenä, oli pieni Billee.

Billee wagged his tail and licked Buck's face to greet him.

Billee heilutti häntäänsä ja nuoli Buckin kasvoja tervehtiäkseen tätä.

Buck saw how Billee had made a sleeping place in the snow.

Buck näki, kuinka Billee oli tehnyt nukkumapaikan lumeen.

He had dug down and used his own heat to stay warm.

Hän oli kaivanut alas ja käyttänyt omaa lämpöään pysyäkseen lämpimänä.

Buck had learned another lesson—this was how the dogs slept.

Buck oli oppinut taas läksyn – näin koirat nukkuivat.

He picked a spot and started digging his own hole in the snow.

Hän valitsi paikan ja alkoi kaivaa kuoppaa lumeen.

At first, he moved around too much and wasted energy.

Aluksi hän liikkui liikaa ja tuhlasi energiaa.

But soon his body warmed the space, and he felt safe.

Mutta pian hänen kehonsa lämmitti tilan, ja hän tunsi olonsa turvalliseksi.

He curled up tightly, and before long he was fast asleep.

Hän käpertyi tiukasti kasaan ja unessa pian.

The day had been long and hard, and Buck was exhausted.

Päivä oli ollut pitkä ja raskas, ja Buck oli uupunut.

He slept deeply and comfortably, though his dreams were wild.

Hän nukkui syvästi ja mukavasti, vaikka hänen unensa olivat villejä.

Hän nukkui sikeästi ja mukavasti, vaikka hänen unensa olivatkin villejä.

He growled and barked in his sleep, twisting as he dreamed.

Hän murisi ja haukkui unissaan, vääntäen itseään unissaan.

Buck didn't wake up until the camp was already coming to life.

Buck ei herännyt ennen kuin leiri oli jo heräämässä eloon.

At first, he didn't know where he was or what had happened.

Aluksi hän ei tiennyt missä oli tai mitä oli tapahtunut.

Snow had fallen overnight and completely buried his body.

Yön aikana satoi lunta, joka hautasi hänen ruumiinsa kokonaan alleen.

The snow pressed in around him, tight on all sides.

Lumi painautui tiukasti hänen ympärilleen joka puolelta.

Suddenly a wave of fear rushed through Buck's entire body.

Yhtäkkiä pelon aalto pyyhkäisi Buckin läpi koko kehon.

It was the fear of being trapped, a fear from deep instincts.

Se oli pelko jäädä loukkuun, syvistä vaistoista kumpuava pelko.

Though he had never seen a trap, the fear lived inside him.

Vaikka hän ei ollut koskaan nähnyt ansaa, pelko asui hänen sisällään.

He was a tame dog, but now his old wild instincts were waking.

Hän oli kesy koira, mutta nyt hänen vanhat villit vaistonsa olivat heräämässä.

Buck's muscles tensed, and his fur stood up all over his back.

Buckin lihakset jännittyivät ja hänen karvansa nousi pystyyn kaikkialle selkään.

He snarled fiercely and sprang straight up through the snow.

Hän murahti raivokkaasti ja hyppäsi suoraan ylös lumen läpi.

Snow flew in every direction as he burst into the daylight.

Lumi lensi joka suuntaan hänen syöksyessään päivänvaloon.

Even before landing, Buck saw the camp spread out before him.
Jo ennen maihinnousua Buck näki leirin levittäytyvän edessään.
He remembered everything from the day before, all at once.
Hän muisti kaiken edelliseltä päivältä, kaikki kerralla.
He remembered strolling with Manuel and ending up in this place.
Hän muisti kävelyretkensä Manuelin kanssa ja päätyneensä tähän paikkaan.
He remembered digging the hole and falling asleep in the cold.
Hän muisti kaivaneensa kuopan ja nukahtaneensa kylmään.
Now he was awake, and the wild world around him was clear.
Nyt hän oli hereillä, ja villi maailma hänen ympärillään oli selkeä.
A shout from François hailed Buck's sudden appearance.
François'n huuto tervehti Buckin äkillistä ilmestymistä.
"What did I say?" the dog-driver cried loudly to Perrault.
"Mitä minä sanoin?" koirankuljettaja huusi äänekkäästi Perraultille.
"That Buck for sure learns quick as anything," François added.
"Tuo Buck oppii kyllä todella nopeasti", François lisäsi.
Perrault nodded gravely, clearly pleased with the result.
Perrault nyökkäsi vakavasti, selvästi tyytyväisenä lopputulokseen.
As a courier for the Canadian Government, he carried dispatches.
Kanadan hallituksen kuriirina hän kuljetti lähetyksiä.
He was eager to find the best dogs for his important mission.
Hän halusi kovasti löytää parhaat koirat tärkeään tehtäväänsä varten.
He felt especially pleased now that Buck was part of the team.
Hän oli nyt erityisen iloinen siitä, että Buck oli osa joukkuetta.

Three more huskies were added to the team within an hour.

Tunnin sisällä joukkueeseen lisättiin kolme huskya lisää.

That brought the total number of dogs on the team to nine.

Tämä nosti joukkueen koirien kokonaismäärän yhdeksään.

Within fifteen minutes all the dogs were in their harnesses.

Viidentoista minuutin kuluessa kaikki koirat olivat valjaissaan.

The sled team was swinging up the trail toward Dyea Cañon.

Rekikunta keinui polkua pitkin kohti Dyea Cañonia.

Buck felt glad to be leaving, even if the work ahead was hard.

Buck oli iloinen päästessään lähtemään, vaikka edessä oleva työ olikin raskasta.

He found he did not particularly despise the labor or the cold.

Hän huomasi, ettei erityisesti halveksinut työtä tai kylmyyttä.

He was surprised by the eagerness that filled the whole team.

Hän yllättyi innosta, joka täytti koko joukkueen.

Even more surprising was the change that had come over Dave and Solleks.

Vielä yllättävämpää oli muutos, joka oli tapahtunut Davelle ja Solleksille.

These two dogs were entirely different when they were harnessed.

Nämä kaksi koiraa olivat täysin erilaisia valjaina.

Their passiveness and lack of concern had completely disappeared.

Heidän passiivisuutensa ja välinpitämättömyytensä olivat täysin kadonneet.

They were alert and active, and eager to do their work well.

He olivat valppaita ja aktiivisia ja innokkaita tekemään työnsä hyvin.

They grew fiercely irritated at anything that caused delay or confusion.

He ärtyivät rajusti kaikesta, mikä aiheutti viivästystä tai hämmennystä.

The hard work on the reins was the center of their entire being.

Ohjien parissa tehty kova työ oli niiden koko olemuksen keskipiste.

Sled pulling seemed to be the only thing they truly enjoyed.

Pulkanveto tuntui olevan ainoa asia, josta he todella nauttivat.

Dave was at the back of the group, closest to the sled itself.

Dave oli ryhmän takana, lähimpänä itse rekeä.

Buck was placed in front of Dave, and Solleks pulled ahead of Buck.

Buck asetettiin Daven eteen, ja Solleks veti Buckin edelle.

The rest of the dogs were strung out ahead in a single file.

Loput koirat ajettiin eteenpäin yhtenä jonona.

The lead position at the front was filled by Spitz.

Johtoaseman eturintamassa täytti Spitz.

Buck had been placed between Dave and Solleks for instruction.

Buck oli asetettu Daven ja Solleksin väliin opetusta varten.

He was a quick learner, and they were firm and capable teachers.

Hän oppi nopeasti, ja he olivat lujia ja kyvykkäitä opettajia.

They never allowed Buck to remain in error for long.

He eivät koskaan antaneet Buckin pysyä harhakuvitelmissa pitkään.

They taught their lessons with sharp teeth when needed.

He opettivat läksyjään terävillä hampailla tarvittaessa.

Dave was fair and showed a quiet, serious kind of wisdom.

Dave oli oikeudenmukainen ja osoitti hiljaista, vakavaa viisautta.

He never bit Buck without a good reason to do so.

Hän ei koskaan purrut Buckia ilman hyvää syytä.

But he never failed to bite when Buck needed correction.

Mutta hän puri aina, kun Buck tarvitsi ojennusta.

François's whip was always ready and backed up their authority.

François'n ruoska oli aina valmiina ja tuki heidän auktoriteettiaan.

Buck soon found it was better to obey than to fight back.

Buck huomasi pian, että oli parempi totella kuin taistella vastaan.

Once, during a short rest, Buck got tangled in the reins.

Kerran lyhyen lepotauon aikana Buck sotkeutui ohjaksiin.

He delayed the start and confused the team's movement.

Hän viivästytti lähtöä ja sekoitti joukkueen liikkeen.

Dave and Solleks flew at him and gave him a rough beating.

Dave ja Solleks hyökkäsivät hänen kimppuunsa ja antoivat hänelle rajuja selkäsaunoja.

The tangle only got worse, but Buck learned his lesson well.

Tilanne vain paheni, mutta Buck oppi läksynsä hyvin.

From then on, he kept the reins taut, and worked carefully.

Siitä lähtien hän piti ohjat kireinä ja työskenteli huolellisesti.

Before the day ended, Buck had mastered much of his task.

Ennen päivän päättymistä Buck oli jo hallinnut suuren osan tehtävästään.

His teammates almost stopped correcting or biting him.

Hänen joukkuetoverinsa melkein lakkasivat korjaamasta tai puremasta häntä.

François's whip cracked through the air less and less often.

François'n ruoska rätisi ilmassa yhä harvemmin.

Perrault even lifted Buck's feet and carefully examined each paw.

Perrault jopa nosti Buckin jalat ja tutki huolellisesti jokaista käpälää.

It had been a hard day's run, long and exhausting for them all.

Se oli ollut rankka juoksupäivä, pitkä ja uuvuttava heille kaikille.

They travelled up the Cañon, through Sheep Camp, and past the Scales.

He kulkivat Cañonia ylös, Sheep Campin läpi ja Scalesin ohi.

They crossed the timber line, then glaciers and snowdrifts many feet deep.

He ylittivät metsänrajan, sitten jäätiköt ja monien metrien syvyiset kinokset.

They climbed the great cold and forbidding Chilkoot Divide.

He kiipesivät suuren kylmän ja luotaantyöntävän Chilkootin kuilun yli.

That high ridge stood between salt water and the frozen interior.

Tuo korkea harjanne seisoi suolaisen veden ja jäätyneen sisämaan välissä.

The mountains guarded the sad and lonely North with ice and steep climbs.

Vuoret vartioivat surullista ja yksinäistä pohjoista jään ja jyrkkien nousujen avulla.

They made good time down a long chain of lakes below the divide.

He etenivät hyvää vauhtia pitkää järviketjua pitkin vedenjakajan alapuolella.

Those lakes filled the ancient craters of extinct volcanoes.

Nuo järvet täyttivät sammuneiden tulivuorten muinaiset kraatterit.

Late that night, they reached a large camp at Lake Bennett.

Myöhään sinä iltana he saapuivat suureen leiriin Bennett-järvellä.

Thousands of gold seekers were there, building boats for spring.

Tuhansia kullankaivajia oli siellä rakentamassa veneitä kevääksi.

The ice was going break up soon, and they had to be ready.

Jäät lähtisivät pian, ja heidän oli oltava valmiita.

Buck dug his hole in the snow and fell into a deep sleep.

Buck kaivoi kuoppansa lumeen ja vaipui syvään uneen.

He slept like a working man, exhausted from the harsh day of toil.

Hän nukkui kuin työmies, uupunut raskaan työpäivän jälkeen.

But too early in the darkness, he was dragged from sleep.

Mutta liian aikaisin pimeydessä hänet revittiin unesta.

He was harnessed with his mates again and attached to the sled.

Hänet valjastettiin jälleen tovereidensa kanssa ja kiinnitettiin rekeen.

That day they made forty miles, because the snow was well trodden.

Sinä päivänä he kulkivat neljäkymmentä mailia, koska lumi oli hyvin tallattua.

The next day, and for many days after, the snow was soft.

Seuraavana päivänä ja monta päivää sen jälkeen lumi oli pehmeää.

They had to make the path themselves, working harder and moving slower.

Heidän täytyi itse kulkea polku, työskennellä kovemmin ja liikkua hitaammin.

Usually, Perrault walked ahead of the team with webbed snowshoes.

Yleensä Perrault käveli joukkueen edellä räpylöillä varustetuissa lumikengissä.

His steps packed the snow, making it easier for the sled to move.

Hänen askeleensa pakkasivat lumen, mikä helpotti kelkan liikkumista.

François, who steered from the gee-pole, sometimes took over.

François, joka ohjasi ohjaustangosta, otti joskus ohjat käsiinsä.

But it was rare that François took the lead

Mutta oli harvinaista, että François otti johdon

because Perrault was in a rush to deliver the letters and parcels.

koska Perraultilla oli kiire toimittaa kirjeet ja paketit.

Perrault was proud of his knowledge of snow, and especially ice.

Perrault oli ylpeä lumen ja erityisesti jään tuntemuksestaan.

That knowledge was essential, because fall ice was dangerously thin.

Tuo tieto oli välttämätöntä, koska syksyn jää oli vaarallisen ohutta.

Where water flowed fast beneath the surface, there was no ice at all.

Siellä missä vesi virtasi nopeasti pinnan alla, ei ollut lainkaan jäätä.

Day after day, the same routine repeated without end.

Päivästä toiseen sama rutiini toistui loputtomasti.

Buck toiled endlessly in the reins from dawn until night.

Buck uurasti loputtomasti ohjaksissa aamusta iltaan.

They left camp in the dark, long before the sun had risen.

He lähtivät leiristä pimeässä, kauan ennen auringonnousua.

By the time daylight came, many miles were already behind them.

Päivän koittaessa oli jo monta kilometriä takana päin.

They pitched camp after dark, eating fish and burrowing into snow.

He pystyttivät leirin pimeän tultua, söivät kalaa ja kaivautuivat lumeen.

Buck was always hungry and never truly satisfied with his ration.

Buck oli aina nälkäinen eikä koskaan täysin tyytyväinen annokseensa.

He received a pound and a half of dried salmon each day.

Hän sai puolitoista paunaa kuivattua lohta joka päivä.

But the food seemed to vanish inside him, leaving hunger behind.

Mutta ruoka tuntui haihtuvan hänen sisältä, jättäen jälkeensä nälän.

He suffered from constant pangs of hunger, and dreamed of more food.

Hän kärsi jatkuvasta nälän tunteesta ja haaveili lisää ruoasta.

The other dogs got only one pound of food, but they stayed strong.

Muut koirat saivat vain puoli kiloa ruokaa, mutta ne pysyivät vahvoina.

They were smaller, and had been born into the northern life.

He olivat pienempiä ja syntyneet pohjoiseen elämään.

He swiftly lost the fastidiousness which had marked his old life.

Hän menetti nopeasti sen pikkumaisuuden, joka oli leimannut hänen vanhaa elämäänsä.

He had been a dainty eater, but now that was no longer possible.

Hän oli ollut herkkusuu, mutta nyt se ei ollut enää mahdollista.

His mates finished first and robbed him of his unfinished ration.

Hänen toverinsa söivät ensin ja ryöstivät häneltä hänen keskeneräisen annoksensa.

Once they began there was no way to defend his food from them.

Kun he olivat alkaneet, ei ollut mitään keinoa puolustaa hänen ruokaansa heiltä.

While he fought off two or three dogs, the others stole the rest.

Hänen torjuessaan kaksi tai kolme koiraa, muut varastivat loput.

To fix this, he began eating as fast as the others ate.

Korjatakseen tämän hän alkoi syödä yhtä nopeasti kuin muutkin.

Hunger pushed him so hard that he even took food not his own.

Nälkä ajoi häntä niin kovasti, että hän otti jopa ruokaa, joka ei ollut hänen omaansa.

He watched the others and learned quickly from their actions.

Hän tarkkaili muita ja oppi nopeasti heidän teoistaan.

He saw Pike, a new dog, steal a slice of bacon from Perrault.

Hän näki Piken, uuden koiran, varastavan pekonisiivun Perraultilta.

Pike had waited until Perrault's back was turned to steal the bacon.

Pike oli odottanut, kunnes Perrault olisi kääntänyt selkänsä, ennen kuin varasti pekonin.

The next day, Buck copied Pike and stole the whole chunk.

Seuraavana päivänä Buck matki Piken ja varasti koko möykyn.

A great uproar followed, but Buck was not suspected.

Seurasi suuri meteli, mutta Buckia ei epäilty.

Dub, a clumsy dog who always got caught, was punished instead.

Dub, kömpelö koira, joka aina jäi kiinni, rangaistiin sen sijaan.

That first theft marked Buck as a dog fit to survive the North.

Tuo ensimmäinen varkaus teki Buckin koiraksi, joka selviää Pohjoisessa.

He showed he could adapt to new conditions and learn quickly.

Hän osoitti kykynsä sopeutua uusiin olosuhteisiin ja oppia nopeasti.

Without such adaptability, he would have died swiftly and badly.

Ilman tällaista sopeutumiskykyä hän olisi kuollut nopeasti ja pahasti.

It also marked the breakdown of his moral nature and past values.

Se merkitsi myös hänen moraalisen luonteensa ja aiempien arvojensa romahtamista.

In the Southland, he had lived under the law of love and kindness.

Etelämaissa hän oli elänyt rakkauden ja ystävällisyyden lain alaisena.

There it made sense to respect property and other dogs' feelings.

Siellä oli järkevää kunnioittaa omaisuutta ja muiden koirien tunteita.

But the Northland followed the law of club and the law of fang.

Mutta Pohjola noudatti nuijan ja hampaiden lakia.

Whoever respected old values here was foolish and would fail.

Se, joka täällä kunnioitti vanhoja arvoja, oli tyhmä ja epäonnistuisi.

Buck did not reason all this out in his mind.

Buck ei ollut miettinyt kaikkea tätä mielessään.

He was fit, and so he adjusted without needing to think.

Hän oli hyvässä kunnossa, joten hän sopeutui ajattelematta.

All his life, he had never run away from a fight.

Koko elämänsä aikana hän ei ollut koskaan paennut taistelua.

But the wooden club of the man in the red sweater changed that rule.

Mutta punapaitaisen miehen puinen nuija muutti tuon säännön.

Now he followed a deeper, older code written into his being.

Nyt hän noudatti syvempää, vanhempaa olemukseensa kirjoitettua koodia.

He did not steal out of pleasure, but from the pain of hunger.

Hän ei varastanut nautinnosta, vaan nälän tuskasta.

He never robbed openly, but stole with cunning and care.

Hän ei koskaan ryöstänyt avoimesti, vaan varasti ovelasti ja varovasti.

He acted out of respect for the wooden club and fear of the fang.

Hän toimi kunnioituksesta puista nuijaa kohtaan ja pelosta hampaita kohtaan.

In short, he did what was easier and safer than not doing it.

Lyhyesti sanottuna hän teki sen, mikä oli helpompaa ja turvallisempaa kuin tekemättä jättäminen.

His development—or perhaps his return to old instincts—was fast.

Hänen kehityksensä – tai kenties paluunsa vanhoihin vaistoihinsa – oli nopeaa.

His muscles hardened until they felt as strong as iron.

Hänen lihaksensa kovettuivat, kunnes ne tuntuivat raudan vahvoilta.

He no longer cared about pain, unless it was serious.
Hän ei enää välittänyt kivusta, ellei se ollut vakavaa.
He became efficient inside and out, wasting nothing at all.
Hänestä tuli tehokas sekä sisäisesti että ulkoisesti, eikä hän
tuhlannut mitään.
He could eat things that were vile, rotten, or hard to digest.
Hän saattoi syödä pahaa, mätää tai vaikeasti sulavaa ruokaa.
Whatever he ate, his stomach used every last bit of value.
Mitä tahansa hän söi, hänen vatsansa käytti loppuun
viimeisenkin arvokkaan palan.
His blood carried the nutrients far through his powerful
body.
Hänen verensä kuljetti ravinteet pitkälle hänen voimakkaassa
kehossaan.
This built strong tissues that gave him incredible endurance.
Tämä rakensi vahvoja kudoksia, jotka antoivat hänelle
uskomattoman kestävyyden.
His sight and smell became much more sensitive than
before.
Hänen näkönsä ja hajuaistinsa herkistyivät huomattavasti.
His hearing grew so sharp he could detect faint sounds in
sleep.
Hänen kuulonsa terävöityi niin paljon, että hän pystyi
kuulemaan heikkoja ääniä unissaan.
He knew in his dreams whether the sounds meant safety or
danger.
Hän tiesi unissaan, merkitsivätkö äänet turvallisuutta vai
vaaraa.
He learned to bite the ice between his toes with his teeth.
Hän oppi puremaan hampaillaan jäätä varpaidensa välissä.
If a water hole froze over, he would break the ice with his
legs.
Jos vesikuoppa jäätyi umpeen, hän rikkoi jään jaloillaan.
He reared up and struck the ice hard with stiff front limbs.
Hän nousi selkäänsä ja iski jäykillä etujaloillaan lujaa jäätä
vasten.

His most striking ability was predicting wind changes overnight.
Hänen huomattavin kykynsä oli ennustaa tuulen muutoksia yön aikana.
Even when the air was still, he chose spots sheltered from wind.
Vaikka ilma oli tyyni, hän valitsi tuulelta suojaisia paikkoja.
Wherever he dug his nest, the next day's wind passed him by.
Minne ikinä hän pesänsä kaivoikin, seuraavan päivän tuuli puhalsi hänen ohitseen.
He always ended up snug and protected, to leeward of the breeze.
Hän päätyi aina mukavaan ja suojaiseen paikkaan, tuulensuojaan.
Buck not only learned by experience — his instincts returned too.
Buck ei oppinut ainoastaan kokemuksen kautta – myös hänen vaistonsa palasivat.
The habits of domesticated generations began to fall away.
Kesytettyjen sukupolvien tavat alkoivat hiipua.
In vague ways, he remembered the ancient times of his breed.
Hän muisti hämärästi rotunsa menneet ajat.
He thought back to when wild dogs ran in packs through forests.
Hän muisteli aikaa, jolloin villikoirat juoksivat laumoina metsien halki.
They had chased and killed their prey while running it down.
Ne olivat jahdanneet ja tappaneet saaliinsa juostessaan sitä pitkin.
It was easy for Buck to learn how to fight with tooth and speed.
Buckin oli helppo oppia taistelemaan hampaiden ja nopeuden voimin.

He used cuts, slashes, and quick snaps just like his
ancestors.
Hän käytti viiltoja, viiltoja ja nopeita iskuja aivan kuten esi-
isänsä.
Those ancestors stirred within him and awoke his wild
nature.
Nuo esi-isät liikkuivat hänen sisällään ja herättivät hänen
villin luontonsa.
Their old skills had passed into him through the bloodline.
Heidän vanhat taitonsa olivat siirtyneet häneen suvun kautta.
Their tricks were his now, with no need for practice or
effort.
Heidän temppunsa olivat nyt hänen, ilman harjoittelua tai
vaivannäköä.

On still, cold nights, Buck lifted his nose and howled.
Tyyninä, kylminä öinä Buck nosti kuonoaan ja ulvoi.
He howled long and deep, the way wolves had done long
ago.
Hän ulvoi pitkään ja syvään, aivan kuten sudet olivat tehneet
kauan sitten.
Through him, his dead ancestors pointed their noses and
howled.
Hänen kauttaan hänen kuolleet esi-isänsä osoittivat nenäänsä
ja ulvoivat.
They howled down through the centuries in his voice and
shape.
Ne ulvoivat läpi vuosisatojen hänen äänellään ja hahmollaan.
His cadences were theirs, old cries that told of grief and cold.
Hänen rytminsä oli heidän, vanhoja huutoja, jotka kertoivat
surusta ja kylmyydestä.
They sang of darkness, of hunger, and the meaning of
winter.
He lauloivat pimeydestä, nälästä ja talven merkityksestä.
Buck proved of how life is shaped by forces beyond oneself,
Buck todisti, kuinka elämää muokkaavat ihmisen itsensä
ulkopuolella olevat voimat,

the ancient song rose through Buck and took hold of his soul.

Muinainen laulu kohosi Buckin läpi ja valtasi hänen sielunsa.

He found himself because men had found gold in the North.

Hän löysi itsensä, koska miehet olivat löytäneet kultaa pohjoisesta.

And he found himself because Manuel, the gardener's helper, needed money.

Ja hän huomasi olevansa tässä tilanteessa, koska puutarhurin apulainen Manuel tarvitsi rahaa.

The Dominant Primordial Beast
Hallitseva alkukantainen peto

The dominant primordial beast was as strong as ever in Buck.
Hallitseva alkukantainen peto oli Buckissa yhtä vahva kuin aina ennenkin.
But the dominant primordial beast had lain dormant in him.
Mutta hallitseva alkukantainen peto oli uinunut hänessä.
Trail life was harsh, but it strengthened beast inside Buck.
Polkuelämä oli ankaraa, mutta se vahvisti Buckin sisällä olevaa petoa.
Secretly the beast grew stronger and stronger every day.
Salaa peto vahvistui päivä päivältä vahvemmaksi ja vahvemmaksi.
But that inner growth stayed hidden to the outside world.
Mutta tuo sisäinen kasvu pysyi piilossa ulkomaailmalta.
A quiet and calm primordial force was building inside Buck.
Hiljainen ja tyyni alkukantainen voima rakentui Buckin sisällä.
New cunning gave Buck balance, calm control, and poise.
Uusi viekkaus antoi Buckille tasapainoa, tyyneyttä ja itsevarmuutta.
Buck focused hard on adapting, never feeling fully relaxed.
Buck keskittyi kovasti sopeutumiseen, eikä koskaan tuntenut oloaan täysin rentoutuneeksi.
He avoided conflict, never starting fights, nor seeking trouble.
Hän vältti konflikteja, ei koskaan aloittanut tappeluita eikä etsinyt ongelmia.
A slow, steady thoughtfulness shaped Buck's every move.
Hidas, tasainen harkitsevaisuus muovasi Buckin jokaista liikettä.
He avoided rash choices and sudden, reckless decisions.
Hän vältti harkitsemattomia valintoja ja äkkipikaisia, harkitsemattomia päätöksiä.

Though Buck hated Spitz deeply, he showed him no aggression.
Vaikka Buck vihasi Spitziä syvästi, hän ei osoittanut hänelle aggressiivisuutta.
Buck never provoked Spitz, and kept his actions restrained.
Buck ei koskaan provosoinut Spitziä ja piti toimintansa hillittyä.
Spitz, on the other hand, sensed the growing danger in Buck.
Spitz puolestaan aisti Buckissa kasvavan vaaran.
He saw Buck as a threat and a serious challenge to his power.
Hän näki Buckin uhkana ja vakavana haasteena vallalleen.
He used every chance to snarl and show his sharp teeth.
Hän käytti jokaisen tilaisuuden murahtaakseen ja näyttääkseen terävät hampaansa.
He was trying to start the deadly fight that had to come.
Hän yritti aloittaa kuolettavan taistelun, jonka oli määrä tulla.
Early in the trip, a fight nearly broke out between them.
Matkan alussa heidän välilleen melkein puhkesi tappelu.
But an unexpected accident stopped the fight from happening.
Mutta odottamaton onnettomuus esti taistelun.
That evening they set up camp on the bitterly cold Lake Le Barge.
Sinä iltana he pystyttivät leirin purevan kylmälle Le Barge - järvelle.
The snow was falling hard, and the wind cut like a knife.
Lunta satoi kovaa ja tuuli viilsi kuin veitsi.
The night had come too fast, and darkness surrounded them.
Yö oli tullut liian nopeasti, ja pimeys ympäröi heidät.
They could hardly have chosen a worse place for rest.
He tuskin olisivat voineet valita huonompaa lepopaikkaa.
The dogs searched desperately for a place to lie down.
Koirat etsivät epätoivoisesti paikkaa, johon voisivat levätä.
A tall rock wall rose steeply behind the small group.
Korkea kallioseinämä kohosi jyrkästi pienen ryhmän takana.

The tent had been left behind in Dyea to lighten the load.
Teltta oli jätetty Dyeaan kuorman keventämiseksi.
They had no choice but to make the fire on the ice itself.
Heillä ei ollut muuta vaihtoehtoa kuin tehdä tuli itse jäälle.
They spread their sleeping robes directly on the frozen lake.
He levittivät makuuvaatteensa suoraan jäätyneelle järvelle.
A few sticks of driftwood gave them a little bit of fire.
Muutama ajopuun oksa antoi heille hieman tulta.
But the fire was built on the ice, and thawed through it.
Mutta tuli tehtiin jään päälle ja sulatettiin sen läpi.
Eventually they were eating their supper in darkness.
Lopulta he söivät illallistaan pimeässä.
Buck curled up beside the rock, sheltered from the cold wind.
Buck käpertyi kallion viereen suojaan kylmältä tuulelta.
The spot was so warm and safe that Buck hated to move away.
Paikka oli niin lämmin ja turvallinen, että Buck vihasi muuttaa pois.
But François had warmed the fish and was handing out rations.
Mutta François oli lämmittänyt kalat ja jakoi annoksia.
Buck finished eating quickly, and returned to his bed.
Buck söi nopeasti loppuun ja palasi sänkyynsä.
But Spitz was now laying where Buck had made his bed.
Mutta Spitz makasi nyt siinä paikassa, johon Buck oli tehnyt vuoteensa.
A low snarl warned Buck that Spitz refused to move.
Matala murahdus varoitti Buckia, että Spitz kieltäytyi liikkumasta.
Until now, Buck had avoided this fight with Spitz.
Tähän asti Buck oli vältellyt tätä taistelua Spitzin kanssa.
But deep inside Buck the beast finally broke loose.
Mutta syvällä Buckin sisällä peto lopulta pääsi valloilleen.
The theft of his sleeping place was too much to tolerate.
Hänen nukkumapaikkansa varastaminen oli liikaa siedettäväksi.

Buck launched himself at Spitz, full of anger and rage.
Buck syöksyi Spitziä kohti täynnä vihaa ja raivoa.
Up until not Spitz had thought Buck was just a big dog.
Siihen asti Spitz oli pitänyt Buckia vain isona koirana.
He didn't think Buck had survived through his spirit.
Hän ei uskonut Buckin selvinneen hengissä.
He was expecting fear and cowardice, not fury and revenge.
Hän odotti pelkoa ja pelkuruutta, ei raivoa ja kostoa.
François stared as both dogs burst from the ruined nest.
François tuijotti, kun molemmat koirat syöksyivät ulos
raunioituneesta pesästä.
He understood at once what had started the wild struggle.
Hän ymmärsi heti, mikä oli aloittanut villin taistelun.
"A-a-ah!" François cried out in support of the brown dog.
"Aa-ah!" François huudahti ruskean koiran tueksi.
"Give him a beating! By God, punish that sneaky thief!"
"Antakaa hänelle selkäsauna! Jumalan nimeen, rankaiskaa
tuota salakavalaa varasta!"
Spitz showed equal readiness and wild eagerness to fight.
Spitz osoitti yhtäläistä taisteluvalmiutta ja villiä taisteluintoa.
He cried out in rage while circling fast, seeking an opening.
Hän huusi raivoissaan kiertäen nopeasti ympäri etsien
aukkoa.
Buck showed the same hunger to fight, and the same
caution.
Buck osoitti samaa taistelunhalua ja samaa varovaisuutta.
He circled his opponent as well, trying to gain the upper
hand in battle.
Hän kiersi myös vastustajansa ympäri yrittäen saada yliotteen
taistelussa.
Then something unexpected happened and changed
everything.
Sitten tapahtui jotain odottamatonta ja muutti kaiken.
That moment delayed the eventual fight for the leadership.
Tuo hetki viivästytti lopullista taistelua johtajuudesta.
Many miles of trail and struggle still waited before the end.

Monta kilometriä polkua ja kamppailua odotti vielä ennen loppua.

Perrault shouted an oath as a club smacked against bone.

Perrault kirosi, kun nuija osui luuhun.

A sharp yelp of pain followed, then chaos exploded all around.

Seurasi terävä tuskan kiljahdus, minkä jälkeen ympärillä räjähti kaaos.

Dark shapes moved in camp; wild huskies, starved and fierce.

Tummia hahmoja liikkui leirissä; villejä huskyjä, nälkäisiä ja raivokkaita.

Four or five dozen huskies had sniffed the camp from far away.

Neljä tai viisi tusinaa huskya oli nuuhkinut leirin kaukaa.

They had crept in quietly while the two dogs fought nearby.

Ne olivat hiipineet sisään hiljaa kahden koiran tapellessa lähistöllä.

François and Perrault charged, swinging clubs at the invaders.

François ja Perrault hyökkäsivät hyökkääjiä kohti heilutellen nuijia.

The starving huskies showed teeth and fought back in frenzy.

Nälkäiset huskyt näyttivät hampaitaan ja taistelivat raivokkaasti takaisin.

The smell of meat and bread had driven them past all fear.

Lihan ja leivän tuoksu oli ajanut heidät pois kaikesta pelosta.

Perrault beat a dog that had buried its head in the grub-box.

Perrault hakkasi koiran, joka oli hautannut päänsä eväslaatikkoon.

The blow hit hard, and the box flipped, food spilling out.

Isku oli kova, ja laatikko pyörähti ympäri ja ruoka läikkyi ulos.

In seconds, a score of wild beasts tore into the bread and meat.

Sekunneissa kymmenkunta villieläintä repi leipää ja lihaa.

The men's clubs landed blow after blow, but no dog turned away.

Miesten mailat laskeutuivat isku iskun perään, mutta yksikään koira ei kääntynyt pois.

They howled in pain, but fought until no food remained.

Ne ulvoivat tuskissaan, mutta taistelivat, kunnes ruoka loppui.

Meanwhile, the sled-dogs had jumped from their snowy beds.

Sillä välin rekikoirat olivat hypänneet lumipeitteisiltä vuoteiltaan.

They were instantly attacked by the vicious hungry huskies.

Ilkeät, nälkäiset huskyt hyökkäsivät heidän kimppuunsa välittömästi.

Buck had never seen such wild and starved creatures before.

Buck ei ollut koskaan ennen nähnyt niin villejä ja nälkäisiä olentoja.

Their skin hung loose, barely hiding their skeletons.

Heidän ihonsa roikkui löysänä, peittäen tuskin heidän luurankojaan.

There was a fire in their eyes, from hunger and madness

Heidän silmissään oli tuli, nälästä ja hulluudesta

There was no stopping them; no resisting their savage rush.

Heitä ei voinut pysäyttää; heidän rajua rynnäkkyttäänsä ei voinut vastustaa.

The sled-dogs were shoved back, pressed against the cliff wall.

Rekikoirat työnnettiin taaksepäin ja painautuivat kallioseinämää vasten.

Three huskies attacked Buck at once, tearing into his flesh.

Kolme huskyä hyökkäsi Buckin kimppuun kerralla repimällä hänen lihaansa.

Blood poured from his head and shoulders, where he'd been cut.

Verta valui hänen päästään ja hartioistaan, joihin hän oli haavoittunut.

The noise filled the camp; growling, yelps, and cries of pain.

Melu täytti leirin; murinaa, kiljahduksia ja tuskanhuutoja.
Billee cried loudly, as usual, caught in the fray and panic.
Billee itki kovaan ääneen, kuten tavallista, hämmennyksen ja
paniikin keskellä.
Dave and Solleks stood side by side, bleeding but defiant.
Dave ja Solleks seisoivat vierekkäin verta vuotaen mutta
uhmakkaasti.
Joe fought like a demon, biting anything that came close.
Joe taisteli kuin demoni ja puri kaikkea lähelle tulevaa.
He crushed a husky's leg with one brutal snap of his jaws.
Hän murskasi huskyn jalan yhdellä raa'alla leukojen
napsautuksella.
**Pike jumped on the wounded husky and broke its neck
instantly.**
Pike hyppäsi haavoittuneen huskyn selkään ja taitti sen
niskansa välittömästi.
**Buck caught a husky by the throat and ripped through the
vein.**
Buck otti koiran kurkusta kiinni ja repi sen suonen poikki.
Blood sprayed, and the warm taste drove Buck into a frenzy.
Verta suihkusi, ja lämmin maku sai Buckin raivon valtaan.
He hurled himself at another attacker without hesitation.
Hän hyökkäsi epäröimättä toisen hyökkääjän kimppuun.
**At the same moment, sharp teeth dug into Buck's own
throat.**
Samalla hetkellä terävät hampaat iskeytyivät Buckin omaan
kurkkuun.
Spitz had struck from the side, attacking without warning.
Spitz oli iskenyt sivulta hyökännyt varoittamatta.
**Perrault and François had defeated the dogs stealing the
food.**
Perrault ja François olivat kukistaneet ruokaa varastaneet
koirat.
Now they rushed to help their dogs fight back the attackers.
Nyt he kiiruhtivat auttamaan koiriaan torjumaan hyökkääjät.
The starving dogs retreated as the men swung their clubs.
Nälkäiset koirat pääntyivät miesten heiluttaessa nuijiaan.

Buck broke free from the attack, but the escape was brief.
Buck vapautui hyökkäyksestä, mutta pako oli lyhyt.
The men ran to save their dogs, and the huskies swarmed again.
Miehet juoksivat pelastamaan koiriaan, ja huskyt parveilivat taas.
Billee, frightened into bravery, leapt into the pack of dogs.
Pelästyneenä ja rohkeaksi muuttunut Billee hyppäsi koiralaumaan.
But then he fled across the ice, in raw terror and panic.
Mutta sitten hän pakeni jään yli, raa'an kauhun ja paniikin vallassa.
Pike and Dub followed close behind, running for their lives.
Pike ja Dub seurasivat aivan perässä juosten henkensä edestä.
The rest of the team broke and scattered, following after them.
Loput joukkueesta hajosivat ja seurasivat heitä.
Buck gathered his strength to run, but then saw a flash.
Buck keräsi voimansa juostakseen, mutta näki sitten välähdyksen.
Spitz lunged at Buck's side, trying to knock him to the ground.
Spitz syöksyi Buckin viereen ja yritti kaataa hänet maahan.
Under that mob of huskies, Buck would have had no escape.
Tuon huskylauman alta Buckilla ei olisi ollut pakomatkaa.
But Buck stood firm and braced for the blow from Spitz.
Mutta Buck seisoi lujana ja valmistautui Spitzin iskuun.
Then he turned and ran out onto the ice with the fleeing team.
Sitten hän kääntyi ja juoksi jäälle pakenevan joukkueen kanssa.

Later, the nine sled-dogs gathered in the shelter of the woods.
Myöhemmin yhdeksän rekikoiraa kokoontui metsän suojaan.
No one chased them anymore, but they were battered and wounded.

Kukaan ei enää ajanut heitä takaa, mutta he olivat ruhjoutuneita ja haavoittuneita.

Each dog had wounds; four or five deep cuts on every body.
Jokaisella koiralla oli haavoja; neljä tai viisi syvää haavaa jokaisen ruumiissa.

Dub had an injured hind leg and struggled to walk now.
Dubilla oli takajalan vamma, ja hän pystyi nyt vaikeasti kävelemään.

Dolly, the newest dog from Dyea, had a slashed throat.
Dollylla, Dyean uusimmalla koiralla, oli viilto kurkku auki.

Joe had lost an eye, and Billee's ear was cut to pieces
Joe oli menettänyt silmänsä ja Billeen korva oli palasina

All the dogs cried in pain and defeat through the night.
Kaikki koirat itkivät tuskissaan ja tappiostaan läpi yön.

At dawn they crept back to camp, sore and broken.
Aamun koittaessa he hiipivät takaisin leiriin kipeinä ja rikkinäisinä.

The huskies had vanished, but the damage had been done.
Huskyt olivat kadonneet, mutta vahinko oli jo tapahtunut.

Perrault and François stood in foul moods over the ruin.
Perrault ja François seisoivat pahalla tuulella raunioiden äärellä.

Half of the food was gone, snatched by the hungry thieves.
Puolet ruoasta oli mennyt, nälkäiset varkaat olivat ryöstäneet sen.

The huskies had torn through sled bindings and canvas.
Huskyt olivat repineet auki reen siteet ja purjekankaan.

Anything with a smell of food had been devoured completely.
Kaikki, missä oli ruoan tuoksua, oli ahmittu täysin.

They ate a pair of Perrault's moose-hide traveling boots.
He söivät parin Perraultin hirvennahkaiset matkasaappaat.

They chewed leather reis and ruined straps beyond use.
He pureskelivat nahkareikkejä ja pilasivat hihnat käyttökelvottomiksi.

François stopped staring at the torn lash to check the dogs.

François lakkasi tuijottamasta revittyä raipannarua tarkistaakseen koirat.

"Ah, my friends," he said, his voice low and filled with worry.

– Voi, ystäväni, hän sanoi matalalla ja huolestuneella äänellä.

"Maybe all these bites will turn you into mad beasts."

"Ehkä kaikki nämä puremat tekevät teistä hulluja petoja."

"Maybe all mad dogs, sacredam! What do you think, Perrault?"

"Ehkä kaikki hullut koirat, pyhä Jumala! Mitä mieltä sinä olet, Perrault?"

Perrault shook his head, eyes dark with concern and fear.

Perrault pudisti päätään, silmät synkkinä huolesta ja pelosta.

Four hundred miles still lay between them and Dawson.

Heidän ja Dawsonin välillä oli vielä neljäsataa mailia.

Dog madness now could destroy any chance of survival.

Koirahulluus voi nyt tuhota kaikki selviytymismahdollisuudet.

They spent two hours swearing and trying to fix the gear.

He kiroilivat ja yrittivät korjata varusteita kaksi tuntia.

The wounded team finally left the camp, broken and defeated.

Haavoittunut joukkue lähti lopulta leiristä murtuneena ja lyötynä.

This was the hardest trail yet, and each step was painful.

Tämä oli tähän mennessä vaikein polku, ja jokainen askel oli tuskallinen.

The Thirty Mile River had not frozen, and was rushing wildly.

Kolmenkymmenen mailin joki ei ollut jäätynyt ja virtasi villisti.

Only in calm spots and swirling eddies did ice manage to hold.

Jää pysyi pystyssä vain tyynissä paikoissa ja pyörteissä.

Six days of hard labor passed until the thirty miles were done.

Kuusi päivää kovaa työtä kului, kunnes kolmekymmentä mailia oli ajettu.

Each mile of the trail brought danger and the threat of death.

Jokainen kilometri polulla toi mukanaan vaaran ja kuoleman uhan.

The men and dogs risked their lives with every painful step.

Miehet ja koirat vaaransivat henkensä jokaisella tuskallisella askeleella.

Perrault broke through thin ice bridges a dozen different times.

Perrault murtautui ohuiden jääsiltojen läpi kymmenkunta eri kertaa.

He carried a pole and let it fall across the hole his body made.

Hän kantoi seipäätä ja pudotti sen ruumiinsa tekemän reiän yli.

More than once did that pole save Perrault from drowning.

Useammin kuin kerran tuo seiväs pelasti Perraultin hukkumiselta.

The cold snap held firm, the air was fifty degrees below zero.

Kylmä jakso pysyi voimissaan, ilma oli viisikymmentä astetta pakkasta.

Every time he fell in, Perrault had to light a fire to survive.

Joka kerta kun Perrault putosi veteen, hänen täytyi sytyttää tuli selviytyäkseen.

Wet clothing froze fast, so he dried them near blazing heat.

Märät vaatteet jäätyivät nopeasti, joten hän kuivasi ne paahtavan kuumassa paikassa.

No fear ever touched Perrault, and that made him a courier.

Pelko ei koskaan koskettanut Perraultia, ja se teki hänestä lähetin.

He was chosen for danger, and he met it with quiet resolve.

Hänet valittiin vaaraan, ja hän kohtasi sen hiljaisella päättäväisyydellä.

He pressed forward into wind, his shriveled face frostbitten.

Hän painautui eteenpäin tuuleen, hänen kurttuiset kasvonsa paleltuneita.

From faint dawn to nightfall, Perrault led them onward.

Heikkosta aamunkoitosta iltaan Perrault johdatti heitä eteenpäin.

He walked on narrow rim ice that cracked with every step.

Hän käveli kapealla jäänreunalla, joka halkeili joka askeleella.

They dared not stop—each pause risked a deadly collapse.

He eivät uskaltaneet pysähtyä – jokainen tauko uhkasi kuolettavaa romahdusta.

One time the sled broke through, pulling Dave and Buck in.

Kerran reki murtui läpi ja veti Daven ja Buckin sisään.

By the time they were dragged free, both were near frozen.

Siihen mennessä, kun heidät saatiin irti, molemmat olivat lähes jäässä.

The men built a fire quickly to keep Buck and Dave alive.

Miehet tekivät nopeasti tulen pitääkseen Buckin ja Daven hengissä.

The dogs were coated in ice from nose to tail, stiff as carved wood.

Koirat olivat kuonosta hännänpäähän jään peitossa, jäykkinä kuin veistetty puu.

The men ran them in circles near the fire to thaw their bodies.

Miehet pyörittivät niitä ympyrää tulen lähellä sulattaakseen niiden ruumiit.

They came so close to the flames that their fur was singed.

Ne tulivat niin lähelle liekkejä, että niiden turkki kärventyi.

Spitz broke through the ice next, dragging in the team behind him.

Seuraavaksi Spitz murtautui jään läpi vetäen joukkueen perässään.

The break reached all the way up to where Buck was pulling.

Tauko ulottui aina siihen kohtaan, missä Buck veti.

Buck leaned back hard, paws slipping and trembling on the edge.

Buck nojasi lujaa taaksepäin, tassut lipsuivat ja tärisivät reunalla.

Dave also strained backward, just behind Buck on the line.
Dave ponnisteli myös taaksepäin, aivan Buckin taakse linjalla.

François hauled on the sled, his muscles cracking with effort.
François veti rekeä perässään, hänen lihaksensa naksuivat ponnisteluista.

Another time, rim ice cracked before and behind the sled.
Toisella kerralla reunajää halkeili kelkan edessä ja takana.

They had no way out except to climb a frozen cliff wall.
Heillä ei ollut muuta pakotietä kuin kiivetä jäätynyttä kallioseinämää pitkin.

Perrault somehow climbed the wall; a miracle kept him alive.
Perrault jotenkin kiipesi muurin yli; ihme piti hänet hengissä.

François stayed below, praying for the same kind of luck.
François pysyi alhaalla ja rukoili samanlaista onnea.

They tied every strap, lashing, and trace into one long rope.
He sitoivat jokaisen hihnan, kiinnityslenkin ja narun yhdeksi pitkäksi köydeksi.

The men hauled each dog up, one at a time to the top.
Miehet raahasivat koirat yksi kerrallaan ylös.

François climbed last, after the sled and the entire load.
François kiipesi viimeisenä, reen ja koko kuorman jälkeen.

Then began a long search for a path down from the cliffs.
Sitten alkoi pitkä etsintä polulle alas kallioilta.

They finally descended using the same rope they had made.
Lopulta he laskeutuivat käyttäen samaa köyttä, jonka olivat tehneet.

Night fell as they returned to the riverbed, exhausted and sore.
Yön laskeutuessa he palasivat joenuomaan uupuneina ja kipeinä.

They had taken a full day to cover only a quarter of a mile.
He olivat käyttäneet kokonaisen päivän vain neljännesmailin taittamiseen.

By the time they reached the Hootalinqua, Buck was worn out.
Siihen mennessä kun he saapuivat Hootalinquaan, Buck oli uupunut.
The other dogs suffered just as badly from the trail conditions.
Muut koirat kärsivät aivan yhtä pahasti polun olosuhteista.
But Perrault needed to recover time, and pushed them on each day.
Mutta Perraultin piti saada lisää aikaa, ja hän painosti heitä eteenpäin joka päivä.
The first day they traveled thirty miles to Big Salmon.
Ensimmäisenä päivänä he matkustivat viisikymmentä mailia Big Salmoniin.
The next day they travelled thirty-five miles to Little Salmon.
Seuraavana päivänä he matkustivat viisikymmentäviisi mailia Little Salmoniin.
On the third day they pushed through forty long frozen miles.
Kolmantena päivänä he puskivat läpi neljäkymmentä pitkää, jäistä mailia.
By then, they were nearing the settlement of Five Fingers.
Siihen mennessä he olivat lähestymässä Viiden Sormen asutusta.

Buck's feet were softer than the hard feet of native huskies.
Buckin jalat olivat pehmeämmät kuin paikallisten huskyjen kovat jalat.
His paws had grown tender over many civilized generations.
Hänen käpälänsä olivat käyneet herkiksi monien sivistyneiden sukupolvien aikana.
Long ago, his ancestors had been tamed by river men or hunters.
Kauan sitten jokimiehet tai metsästäjät olivat kesyttäneet hänen esi-isänsä.

Every day Buck limped in pain, walking on raw, aching paws.

Joka päivä Buck ontui tuskissa kävellen raaoilla, kipeillä tassuilla.

At camp, Buck dropped like a lifeless form upon the snow.

Leiripaikalla Buck kaatui kuin eloton hahmo lumeen.

Though starving, Buck did not rise to eat his evening meal.

Vaikka Buck oli nälkäinen, hän ei noussut syömään iltapalaansa.

François brought Buck his ration, laying fish by his muzzle.

François toi Buckille annoksensa ja asetti kaloja tämän kuonon kohdalta.

Each night the driver rubbed Buck's feet for half an hour.

Joka ilta kuljettaja hieroi Buckin jalkoja puoli tuntia.

François even cut up his own moccasins to make dog footwear.

François jopa leikkasi omat mokkasiininsa koiran kenkien valmistamiseksi.

Four warm shoes gave Buck a great and welcome relief.

Neljä lämmintä kenkää toivat Buckille suuren ja tervetulleen helpotuksen.

One morning, François forgot the shoes, and Buck refused to rise.

Eräänä aamuna François unohti kengät, eikä Buck suostunut nousemaan.

Buck lay on his back, feet in the air, waving them pitifully.

Buck makasi selällään, jalat ilmassa, ja heilutti niitä säälittävästi.

Even Perrault grinned at the sight of Buck's dramatic plea.

Perraultkin virnisti nähdessään Buckin dramaattisen pyynnön.

Soon Buck's feet grew hard, and the shoes could be discarded.

Pian Buckin jalat kovettuivat, ja kengät voitiin heittää pois.

At Pelly, during harness time, Dolly let out a dreadful howl.

Pellyn luona, valjaiden käyttöaikana, Dolly päästi hirvittävän ulvonnan.

The cry was long and filled with madness, shaking every dog.

Huuto oli pitkä ja täynnä hulluutta, vapisten jokaista koiraa.

Each dog bristled in fear without knowing the reason.

Jokainen koira irvisti pelosta tietämättä syytä.

Dolly had gone mad and hurled herself straight at Buck.

Dolly oli tullut hulluksi ja heittäytynyt suoraan Buckin kimppuun.

Buck had never seen madness, but horror filled his heart.

Buck ei ollut koskaan nähnyt hulluutta, mutta kauhu täytti hänen sydämensä.

With no thought, he turned and fled in absolute panic.

Ajattelematta mitään hän kääntyi ja pakeni täydellisessä paniikissa.

Dolly chased him, her eyes wild, saliva flying from her jaws.

Dolly ajoi häntä takaa villit silmät, sylki valuen leuoista.

She kept right behind Buck, never gaining and never falling back.

Hän pysytteli aivan Buckin takana, ei koskaan saavuttanut eikä perääntynyt.

Buck ran through woods, down the island, across jagged ice.

Buck juoksi metsien läpi, alas saarta, yli rosoisen jään.

He crossed to an island, then another, circling back to the river.

Hän ylitti joen ensin saarelle, sitten toiselle ja kiersi takaisin joelle.

Still Dolly chased him, her growl close behind at every step.

Dolly ajoi häntä yhä takaa, murina tiukasti kannoilla joka askeleella.

Buck could hear her breath and rage, though he dared not look back.

Buck kuuli hänen hengityksensä ja raivonsa, vaikka hän ei uskaltanut katsoa taakseen.

François shouted from afar, and Buck turned toward the voice.

François huusi kaukaa, ja Buck kääntyi ääntä kohti.

Still gasping for air, Buck ran past, placing all hope in François.

Yhä henkeä haukkoen Buck juoksi ohi pannen kaiken toivonsa Françoisiin.

The dog-driver raised an axe and waited as Buck flew past.

Koira-ajaja nosti kirveen ja odotti Buckin lentävän ohi.

The axe came down fast and struck Dolly's head with deadly force.

Kirves iski nopeasti ja osui Dollyn päähän tappavalla voimalla.

Buck collapsed near the sled, wheezing and unable to move.

Buck lyyhistyi reen lähelle, hengitti hengästyneenä ja kykenemättömänä liikkumaan.

That moment gave Spitz his chance to strike an exhausted foe.

Tuo hetki antoi Spitzille tilaisuuden iskeä uupuneeseen viholliseen.

Twice he bit Buck, ripping flesh down to the white bone.

Hän puri Buckia kahdesti repien lihaa valkoista luuta myöten.

François's whip cracked, striking Spitz with full, furious force.

François'n ruoska paukahti ja iski Spitziä täydellä, raivokkaalla voimalla.

Buck watched with joy as Spitz received his harshest beating yet.

Buck katseli ilolla, kun Spitz sai ankarimman selkäsaunan tähän mennessä.

"He's a devil, that Spitz," Perrault muttered darkly to himself.

"Hän on pirulainen tuo Spitz", mutisi Perrault synkästi itsekseen.

"Someday soon, that cursed dog will kill Buck—I swear it."

"Jonain päivänä pian tuo kirottu koira tappaa Buckin – vannon sen."

"That Buck has two devils in him," François replied with a nod.

– Tuossa Buckissa on kaksi paholaista, François vastasi nyökäten.

"When I watch Buck, I know something fierce waits in him."

"Kun katson Buckia, tiedän, että hänessä odottaa jotain hurjaa."

"One day, he'll get mad as fire and tear Spitz to pieces."

"Jonain päivänä hän suuttuu kuin tuli ja repii Spitzin kappaleiksi."

"He'll chew that dog up and spit him on the frozen snow."

"Hän pureskelee koiran ja sylkee sen jäätyneelle lumelle."

"Sure as anything, I know this deep in my bones."

"Tiedän tämän kyllä syvällä sisimmässäni, aivan varmasti."

From that moment forward, the two dogs were locked in war.

Siitä hetkestä lähtien koirat olivat sodassa keskenään.

Spitz led the team and held power, but Buck challenged that.

Spitz johti joukkuetta ja piti valtaa hallussaan, mutta Buck haastoi sen.

Spitz saw his rank threatened by this odd Southland stranger.

Spitz näki arvovaltansa uhattuna tämän oudon etelämaalaisen muukalaisen vuoksi.

Buck was unlike any southern dog Spitz had known before.

Buck oli erilainen kuin mikään etelän koira, jonka Spitz oli aiemmin tuntenut.

Most of them failed—too weak to live through cold and hunger.

Useimmat heistä epäonnistuivat – liian heikkoja selviytyäkseen kylmästä ja nälästä.

They died fast under labor, frost, and the slow burn of famine.

He kuolivat nopeasti työn, pakkasen ja nälänhädän hitaan polttamisen alle.

Buck stood apart—stronger, smarter, and more savage each day.

Buck erottui muista – päivä päivältä vahvempana, älykkäämpänä ja villimpänä.

He thrived on hardship, growing to match the northern huskies.

Hän viihtyi vaikeuksissa ja kasvoi pohjoisen huskyjen tasolle.

Buck had strength, wild skill, and a patient, deadly instinct.

Buckilla oli voimaa, hurjaa taitoa ja kärsivällinen, tappava vaisto.

The man with the club had beaten rashness out of Buck.

Mies pamppu kädessään oli lyönyt Buckin ulos harkitsemattomuudellaan.

Blind fury was gone, replaced by quiet cunning and control.

Sokea raivo oli poissa, tilalle tuli hiljainen oveluus ja itsehillintä.

He waited, calm and primal, watching for the right moment.

Hän odotti, tyynenä ja alkukantaisena, tähyillen oikeaa hetkeä.

Their fight for command became unavoidable and clear.

Heidän taistelunsa komennosta kävi väistämättömäksi ja selväksi.

Buck desired leadership because his spirit demanded it.

Buck halusi johtajuutta, koska hänen henkensä sitä vaati.

He was driven by the strange pride born of trail and harness.

Häntä ajoi eteenpäin omituinen ylpeys, joka syntyi polun ja valjaiden synnyttämästä vaelluksesta.

That pride made dogs pull till they collapsed on the snow.

Tuo ylpeys sai koirat vetämään, kunnes ne lysähtivät lumeen.

Pride lured them into giving all the strength they had.

Ylpeys houkutteli heidät antamaan kaiken voimansa.

Pride can lure a sled-dog even to the point of death.

Ylpeys voi houkutella rekikoiran jopa kuolemaan päin.

Losing the harness left dogs broken and without purpose.

Valjaiden menettäminen jätti koirat rikkinäisiksi ja tarkoituksettomiksi.

The heart of a sled-dog can be crushed by shame when they retire.

Rekikoiran sydän voi murskata häpeästä, kun se jää eläkkeelle.

Dave lived by that pride as he dragged the sled from behind.
Dave eli tuon ylpeyden vallassa vetäessään rekeä perässä.
Solleks, too, gave his all with grim strength and loyalty.
Myös Solleks antoi kaikkensa synkän voimalla ja
uskollisuudella.
Each morning, pride turned them from bitter to determined.
Joka aamu ylpeys muutti heidät katkeruudesta päättäväisiksi.
They pushed all day, then dropped silent at the camp's end.
He ponnistavat koko päivän ja hiljenivät sitten leirin päässä.
That pride gave Spitz the strength to beat shirkers into line.
Tuo ylpeys antoi Spitzille voimaa pakottaa laiskottelijat
ehtimään riviin.
Spitz feared Buck because Buck carried that same deep
pride.
Spitz pelkäsi Buckia, koska Buckilla oli sama syvä ylpeys.
Buck's pride now stirred against Spitz, and he did not stop.
Buckin ylpeys nousi nyt Spitziä vastaan, eikä hän pysähtynyt.
Buck defied Spitz's power and blocked him from punishing
dogs.
Buck uhmasi Spitzin valtaa ja esti häntä rankaisemasta koiria.
When others failed, Buck stepped between them and their
leader.
Kun toiset epäonnistuivat, Buck astui heidän ja heidän
johtajansa väliin.
He did this with intent, making his challenge open and
clear.
Hän teki tämän harkitusti, tehden haasteestaan avoimen ja
selkeän.
On one night heavy snow blanketed the world in deep
silence.
Yhtenä yönä rankka lumi peitti maailman syvään
hiljaisuuteen.
The next morning, Pike, lazy as ever, did not rise for work.
Seuraavana aamuna Pike, laiska kuten aina, ei noussut töihin.
He stayed hidden in his nest beneath a thick layer of snow.
Hän pysytteli piilossa pesässään paksun lumikerroksen alla.
François called out and searched, but could not find the dog.

François huusi ja etsi, mutta ei löytänyt koiraa.
Spitz grew furious and stormed through the snow-covered camp.
Spitz raivostui ja ryntäsi läpi lumipeitteisen leirin.
He growled and sniffed, digging madly with blazing eyes.
Hän murahti ja nuuhki, kaivaen raivokkaasti liekehtivin silmin.
His rage was so fierce that Pike shook under the snow in fear.
Hänen raivonsa oli niin ankara, että Pike vapisi lumen alla pelosta.
When Pike was finally found, Spitz lunged to punish the hiding dog.
Kun Pike viimein löydettiin, Spitz hyökkäsi rankaisemaan piileskelevää koiraa.
But Buck sprang between them with a fury equal to Spitz's own.
Mutta Buck hyökkäsi heidän väliinsä yhtä raivokkaasti kuin Spitz.
The attack was so sudden and clever that Spitz fell off his feet.
Hyökkäys oli niin äkillinen ja ovela, että Spitz putosi jaloiltaan.
Pike, who had been shaking, took courage from this defiance.
Pike, joka oli vapissut, sai rohkeutta tästä uhmakkuudesta.
He leapt on the fallen Spitz, following Buck's bold example.
Hän hyppäsi kaatuneen Spitzin selkään seuraten Buckin rohkeaa esimerkkiä.
Buck, no longer bound by fairness, joined the strike on Spitz.
Buck, jota oikeudenmukaisuus ei enää sido, liittyi lakkoon Spitziä vastaan.
François, amused yet firm in discipline, swung his heavy lash.
François, huvittuneena mutta kurinalaisesti lujana, heilautti raskasta ruoskaansa.

He struck Buck with all his strength to break up the fight.
Hän löi Buckia kaikella voimallaan keskeyttääkseen taistelun.
Buck refused to move and stayed atop the fallen leader.
Buck kieltäytyi liikkumasta ja pysyi kaatuneen johtajan päällä.
François then used the whip's handle, hitting Buck hard.
Sitten François käytti ruoskan kahvaa ja löi Buckia lujaa.
Staggering from the blow, Buck fell back under the assault.
Horjahtaen iskusta Buck kaatui takaisin hyökkäyksen alle.
François struck again and again while Spitz punished Pike.
François iski yhä uudelleen, kun taas Spitz rankaisi Pikea.

Days passed, and Dawson City grew nearer and nearer.
Päivät kuluivat, ja Dawson City lähestyi yhä lähemmäksi.
Buck kept interfering, slipping between Spitz and other
dogs.
Buck puuttui jatkuvasti asiaan ja livahti Spitzin ja muiden
koirien väliin.
He chose his moments well, always waiting for François to
leave.
Hän valitsi hetkensä hyvin ja odotti aina François'n lähtöä.
Buck's quiet rebellion spread, and disorder took root in the
team.
Buckin hiljainen kapina levisi, ja epäjärjestys juurtui
joukkueeseen.
Dave and Solleks stayed loyal, but others grew unruly.
Dave ja Solleks pysyivät uskollisina, mutta toiset kävivät
kurittomiksi.
The team grew worse—restless, quarrelsome, and out of
line.
Joukkue paheni – levoton, riitaisa ja riveistään poikkeava.
Nothing worked smoothly anymore, and fights became
common.
Mikään ei enää toiminut ongelmitta, ja tappeluista tuli yleisiä.
Buck stayed at the heart of the trouble, always provoking
unrest.
Buck pysyi levottomuuksien keskipisteenä ja lietsoi aina
levottomuuksia.

François stayed alert, afraid of the fight between Buck and Spitz.

François pysyi valppaana peläten Buckin ja Spitzin välistä tappelua.

Each night, scuffles woke him, fearing the beginning finally arrived.

Joka yö kahakat herättivät hänet pelätessään alun koittavan.

He leapt from his robe, ready to break up the fight.

Hän hyppäsi viitastaan valmiina lopettamaan taistelun.

But the moment never came, and they reached Dawson at last.

Mutta hetki ei koskaan koittanut, ja he saapuivat viimein Dawsoniin.

The team entered the town one bleak afternoon, tense and quiet.

Joukkue saapui kaupunkiin eräänä synkkänä iltapäivänä, jännittyneenä ja hiljaisena.

The great battle for leadership still hung in the frozen air.

Suuri taistelu johtajuudesta leijui yhä jäätyneessä ilmassa.

Dawson was full of men and sled-dogs, all busy with work.

Dawson oli täynnä miehiä ja rekikoiria, kaikki kiireisiä työssään.

Buck watched the dogs pull loads from morning until night.

Buck katseli koirien vetävän kuormia aamusta iltaan.

They hauled logs and firewood, freighted supplies to the mines.

He kuljettivat tukkeja ja polttopuita, rahtasivat tarvikkeita kaivoksiin.

Where horses once worked in the Southland, dogs now labored.

Siellä, missä hevoset ennen työskentelivät Etelämaassa, koirat tekivät nyt töitä.

Buck saw some dogs from the South, but most were wolf-like huskies.

Buck näki joitakin etelän koiria, mutta useimmat olivat suden kaltaisia huskyjä.

At night, like clockwork, the dogs raised their voices in song.
Yöllä, kuin kellontarkasti, koirat korottivat äänensä lauluun.
At nine, at midnight, and again at three, the singing began.
Yhdeksältä, keskiyöllä ja uudelleen kolmelta alkoi laulu.
Buck loved joining their eerie chant, wild and ancient in sound.
Buck rakasti liittyä heidän aavemaiseen, villiin ja ikivanhaan ääneensä.
The aurora flamed, stars danced, and snow blanketed the land.
Revontulet leimahtivat, tähdet tanssivat ja lumi peitti maan.
The dogs' song rose as a cry against silence and bitter cold.
Koirien laulu kohosi kuin huuto hiljaisuutta ja purevaa kylmyyttä vastaan.
But their howl held sorrow, not defiance, in every long note.
Mutta heidän ulvontansa jokaisessa pitkässä sävelessä oli surua, ei uhmaa.
Each wailing cry was full of pleading; the burden of life itself.
Jokainen valitushuuto oli täynnä anelemista; itse elämän taakkaa.
That song was old—older than towns, and older than fires
Tuo laulu oli vanha – vanhempi kuin kaupungit ja vanhempi kuin tulipalot
That song was more ancient even than the voices of men.
Tuo laulu oli jopa vanhempi kuin ihmisten äänet.
It was a song from the young world, when all songs were sad.
Se oli laulu nuoresta maailmasta, ajasta jolloin kaikki laulut olivat surullisia.
The song carried sorrow from countless generations of dogs.
Laulu kantoi mukanaan lukemattomien koirasukupolvien surua.
Buck felt the melody deeply, moaning from pain rooted in the ages.
Buck tunsi melodian syvästi, voihkien ikiajoista tuskasta.

He sobbed from a grief as old as the wild blood in his veins.
Hän nyyhkytti surusta, joka oli yhtä vanha kuin hänen suonissaan virtaava villi veri.
The cold, the dark, and the mystery touched Buck's soul.
Kylmyys, pimeys ja mysteeri koskettivat Buckin sielua.
That song proved how far Buck had returned to his origins.
Tuo laulu todisti, kuinka pitkälle Buck oli palannut juurilleen.
Through snow and howling he had found the start of his own life.
Lumen ja ulvonnan läpi hän oli löytänyt oman elämänsä alun.

Seven days after arriving in Dawson, they set off once again.
Seitsemän päivää Dawsoniin saapumisensa jälkeen he lähtivät jälleen matkaan.
The team dropped from the Barracks down to the Yukon Trail.
Joukkue laskeutui kasarmeilta Yukonin reitille.
They began the journey back toward Dyea and Salt Water.
He aloittivat matkan takaisin kohti Dyeaa ja Suolavettä.
Perrault carried dispatches even more urgent than before.
Perrault kuljetti lähetyksiä entistä kiireellisempiä.
He was also seized by trail pride and aimed to set a record.
Hänet valtasi myös polkuylpeys ja hän pyrki tekemään ennätyksen.
This time, several advantages were on Perrault's side.
Tällä kertaa useita etuja oli Perraultin puolella.
The dogs had rested for a full week and regained their strength.
Koirat olivat levänneet kokonaisen viikon ja keränneet voimansa takaisin.
The trail they had broken was now hard-packed by others.
Heidän raivaamansa polun olivat nyt muut tallanneet kovaksi.
In places, police had stored food for dogs and men alike.
Poliisi oli paikoin varastoinut ruokaa sekä koirille että miehille.
Perrault traveled light, moving fast with little to weigh him down.

Perrault matkusti kevyesti ja nopeasti, eikä hänellä ollut
juurikaan painoa mukanaan.
They reached Sixty-Mile, a fifty-mile run, by the first night.
He saapuivat Sixty-Mileen, viidenkymmenen mailin
juoksumatkan, ensimmäisenä yönä.
On the second day, they rushed up the Yukon toward Pelly.
Toisena päivänä he kiiruhtivat Yukonia pitkin kohti Pellyä.
But such fine progress came with much strain for François.
Mutta tällainen hieno edistyminen toi mukanaan paljon
rasitusta Françoisille.
Buck's quiet rebellion had shattered the team's discipline.
Buckin hiljainen kapinointi oli murskannut joukkueen kurin.
They no longer pulled together like one beast in the reins.
Ne eivät enää vetäytyneet yhteen kuin yksi peto ohjaksissa.
Buck had led others into defiance through his bold example.
Buck oli rohkealla esimerkillään johtanut muita uhmaamaan.
Spitz's command was no longer met with fear or respect.
Spitzin käskyyn ei enää suhtauduttu pelolla tai
kunnioituksella.
The others lost their awe of him and dared to resist his rule.
Muut menettivät kunnioituksensa häntä kohtaan ja uskalsivat
vastustaa hänen hallintoaan.
One night, Pike stole half a fish and ate it under Buck's eye.
Eräänä yönä Pike varasti puoli kalaa ja söi sen Buckin silmän
alla.
**Another night, Dub and Joe fought Spitz and went
unpunished.**
Eräänä yönä Dub ja Joe taistelivat Spitzin kanssa
rankaisematta.
Even Billee whined less sweetly and showed new sharpness.
Billeekin valitti vähemmän suloisesti ja osoitti uutta
terävyyttä.
Buck snarled at Spitz every time they crossed paths.
Buck murahti Spitzille joka kerta, kun heidän tiensä
kohtasivat.
**Buck's attitude grew bold and threatening, nearly like a
bully.**

Buckin asenne muuttui rohkeaksi ja uhkaavaksi, melkein kuin kiusaajalla.

He paced before Spitz with a swagger, full of mocking menace.

Hän käveli Spitzin edellä rehellisesti ja uhkaavasti.

That collapse of order also spread among the sled-dogs.

Tuo järjestyksen romahdus levisi myös rekikoirien keskuuteen.

They fought and argued more than ever, filling camp with noise.

He tappelivat ja väittelivät enemmän kuin koskaan, täyttäen leirin melulla.

Camp life turned into a wild, howling chaos each night.

Leirielämä muuttui villiksi, ulvovaksi kaaokseksi joka yö.

Only Dave and Solleks remained steady and focused.

Vain Dave ja Solleks pysyivät vakaina ja keskittyneinä.

But even they became short-tempered from the constant brawls.

Mutta jopa heistä tuli äkkipikaisia jatkuvien tappeluiden vuoksi.

François cursed in strange tongues and stomped in frustration.

François kirosi oudoilla kielillä ja tömisteli turhautuneena.

He tore at his hair and shouted while snow flew underfoot.

Hän repi hiuksiaan ja huusi lumen lentäessä jalkojensa alla.

His whip snapped across the pack but barely kept them in line.

Hänen ruoskansa lensi lauman yli, mutta piti heidät tuskin linjassa.

Whenever his back was turned, the fighting broke out again.

Aina kun hän käänsi selkänsä, taistelu puhkesi uudelleen.

François used the lash for Spitz, while Buck led the rebels.

François käytti ruoskaa Spitziä vastaan, kun Buck johti kapinallisia.

Each knew the other's role, but Buck avoided any blame.

Kumpikin tiesi toisen roolin, mutta Buck vältti syyllistämistä.

François never caught Buck starting a fight or shirking his job.
François ei koskaan nähnyt Buckin aloittavan tappelua tai laiminlyövän työtään.
Buck worked hard in harness—the toil now thrilled his spirit.
Buck työskenteli ahkerasti valjaissa – uurastus hurmasi nyt hänen sieluaan.
But he found even more joy in stirring fights and chaos in camp.
Mutta vielä enemmän iloa hän löysi leirissä lietsotuista tappeluista ja kaaoksesta.

At the Tahkeena's mouth one evening, Dub startled a rabbit.
Eräänä iltana Dub säikäytti jäniksen Tahkeenan suulla.
He missed the catch, and the snowshoe rabbit sprang away.
Hän epäonnistui, ja lumikenkäjänis syöksyi karkuun.
In seconds, the entire sled team gave chase with wild cries.
Muutamassa sekunnissa koko rekijoukkue lähti takaa-ajoon villien huutojen säestyksellä.
Nearby, a Northwest Police camp housed fifty husky dogs.
Lähistöllä sijaitsevassa Luoteis-Englannin poliisin leirissä oli viisikymmentä huskykoiraa.
They joined the hunt, surging down the frozen river together.
He liittyivät metsästykseen ja syöksyivät yhdessä jäätynyttä jokea pitkin alas.
The rabbit turned off the river, fleeing up a frozen creek bed.
Kani käänsi joen pois ja pakeni jäätynyttä purouomaa pitkin.
The rabbit skipped lightly over snow while the dogs struggled through.
Kani hyppi kevyesti lumen yli koirien ponnistellessa sen läpi.
Buck led the massive pack of sixty dogs around each twisting bend.
Buck johdatti valtavan kuudenkymmenen koiran lauman jokaisen mutkan ympäri.

He pushed forward, low and eager, but could not gain ground.

Hän työnsi eteenpäin matalalla ja innokkaasti, mutta ei päässyt etenemään.

His body flashed under the pale moon with each powerful leap.

Hänen ruumiinsa välähti kalpean kuun valossa jokaisella voimakkaalla loikalla.

Ahead, the rabbit moved like a ghost, silent and too fast to catch.

Edessä kani liikkui kuin haamu, hiljaa ja liian nopeasti kiinniotettavaksi.

All those old instincts—the hunger, the thrill—rushed through Buck.

Kaikki nuo vanhat vaistot – nälkä, jännitys – valtasivat Buckin.

Humans feel this instinct at times, driven to hunt with gun and bullet.

Ihmiset tuntevat tämän vaiston ajoittain, ajaen heitä metsästämään aseella ja luodilla.

But Buck felt this feeling on a deeper and more personal level.

Mutta Buck tunsi tämän tunteen syvemmällä ja henkilökohtaisemmalla tasolla.

They could not feel the wild in their blood the way Buck could feel it.

He eivät kyenneet tuntemaan villiyttä veressään samalla tavalla kuin Buck.

He chased living meat, ready to kill with his teeth and taste blood.

Hän jahtasi elävää lihaa, valmiina tappamaan hampaillaan ja maistamaan verta.

His body strained with joy, wanting to bathe in warm red life.

Hänen kehonsa jännittyi ilosta, haluten kylpeä lämpimässä, punaisessa elämässä.

A strange joy marks the highest point life can ever reach.

Outo ilo merkitsee elämän korkeinta pistettä.

The feeling of a peak where the living forget they are even alive.

Huipun tunne, jossa elävät unohtavat edes olevansa elossa.

This deep joy touches the artist lost in blazing inspiration.

Tämä syvä ilo koskettaa liekehtivän inspiraation vallassa olevaa taiteilijaa.

This joy seizes the soldier who fights wildly and spares no foe.

Tämä ilo valtaa sotilaan, joka taistelee villisti eikä säästä vihollista.

This joy now claimed Buck as he led the pack in primal hunger.

Tämä ilo valtasi nyt Buckin, kun hän johti laumaa alkukantaisessa nälkäisyydessä.

He howled with the ancient wolf-cry, thrilled by the living chase.

Hän ulvoi muinaisen sudenhuudon säestyksellä, elävän takaa-ajon riemuittama.

Buck tapped into the oldest part of himself, lost in the wild.

Buck löysi vanhimman osan itsestään, eksyneenä erämaahan.

He reached deep within, past memory, into raw, ancient time.

Hän kurkotti syvälle sisimpäänsä, muistojen ohi, raa'aan, muinaiseen aikaan.

A wave of pure life surged through every muscle and tendon.

Puhtaan elämän aalto virtasi jokaisen lihaksen ja jänteen läpi.

Each leap shouted that he lived, that he moved through death.

Jokainen loikka huusi, että hän eli, että hän kulki kuoleman läpi.

His body soared joyfully over still, cold land that never stirred.

Hänen ruumiinsa kohosi iloisesti liikkumattoman, kylmän maan yllä, joka ei koskaan liikkunut.

Spitz stayed cold and cunning, even in his wildest moments.

Spitz pysyi kylmänä ja viekkaana jopa villeimpinä hetkinään.

He left the trail and crossed land where the creek curved wide.

Hän poikkesi polulta ja ylitti maan, jossa puro kaartui leveäksi.

Buck, unaware of this, stayed on the rabbit's winding path.

Buck, tietämättömänä tästä, pysyi jäniksen mutkittelevalla polulla.

Then, as Buck rounded a bend, the ghost-like rabbit was before him.

Sitten, kun Buck käänsi mutkan, aavemainen kani oli hänen edessään.

He saw a second figure leap from the bank ahead of the prey.

Hän näki toisen hahmon hyppäävän rannalta saaliin edellä.

The figure was Spitz, landing right in the path of the fleeing rabbit.

Hahmo oli Spitz, joka laskeutui suoraan pakenevan jäniksen tielle.

The rabbit could not turn and met Spitz's jaws in mid-air.

Kani ei pystynyt kääntymään ja osui Spitzin leukoihin ilmassa.

The rabbit's spine broke with a shriek as sharp as a dying human's cry.

Kanin selkäranka katkesi kirkaisusta, joka oli yhtä terävä kuin kuolevan ihmisen itku.

At that sound—the fall from life to death—the pack howled loud.

Tuon äänen – putoamisen elämästä kuolemaan – kuultuaan lauma ulvoi kovaa.

A savage chorus rose from behind Buck, full of dark delight.

Buckin takaa kohosi raju, synkän ilon täyttämä kuoro.

Buck gave no cry, no sound, and charged straight into Spitz.

Buck ei huutanut eikä päästänyt ääntäkään, vaan ryntäsi suoraan Spitzin kimppuun.

He aimed for the throat, but struck the shoulder instead.

Hän tähtäsi kurkkuun, mutta osuikin olkapäähän.

They tumbled through soft snow; their bodies locked in combat.

He kahlasivat pehmeässä lumessa, heidän ruumiinsa taistelutahtoisina.

Spitz sprang up quickly, as if never knocked down at all.

Spitz hyppäsi nopeasti ylös, aivan kuin häntä ei olisi koskaan kaadettukaan.

He slashed Buck's shoulder, then leaped clear of the fight.

Hän viilsi Buckin olkapäätä ja hyppäsi sitten pois taistelusta.

Twice his teeth snapped like steel traps, lips curled and fierce.

Kahdesti hänen hampaansa napsahtivat kuin teräsloukut, huulet käpertyneinä ja raivoisina.

He backed away slowly, seeking firm ground under his feet.

Hän perääntyi hitaasti etsien jalkojensa alle tukevaa maata.

Buck understood the moment instantly and fully.

Buck ymmärsi hetken heti ja täysin.

The time had come; the fight was going to be a fight to the death.

Aika oli koittanut; taistelu tulisi olemaan kuolemaan asti käytävä.

The two dogs circled, growling, ears flat, eyes narrowed.

Kaksi koiraa kiersi muristen, korvat litteinä ja silmät siristyneinä.

Each dog waited for the other to show weakness or misstep.

Kumpikin koira odotti toisen osoittavan heikkoutta tai harha-askelta.

To Buck, the scene felt eerily known and deeply remembered.

Buckille kohtaus tuntui aavemaisen tutulta ja syvästi muistetulta.

The white woods, the cold earth, the battle under moonlight.

Valkoiset metsät, kylmä maa, taistelu kuunvalossa.

A heavy silence filled the land, deep and unnatural.

Raskas hiljaisuus täytti maan, syvä ja luonnoton.

No wind stirred, no leaf moved, no sound broke the stillness.

Tuuli ei puhaltanut, lehti ei liikkunut, eikä ääni rikkonut hiljaisuutta.

The dogs' breaths rose like smoke in the frozen, quiet air.

Koirien hengitys nousi kuin savu jäisessä, hiljaisessa ilmassa.

The rabbit was long forgotten by the pack of wild beasts.

Villieläinlauma oli unohtanut kanin kauan sitten.

These half-tamed wolves now stood still in a wide circle.

Nämä puolikesytetyt sudet seisoivat nyt liikkumatta laajassa piirissä.

They were quiet, only their glowing eyes revealed their hunger.

He olivat hiljaa, vain heidän hehkuvat silmänsä paljastivat heidän nälkänsä.

Their breath drifted upward, watching the final fight begin.

Heidän hengityksensä nousi ylöspäin, heidän katsellessaan viimeisen taistelun alkamista.

To Buck, this battle was old and expected, not strange at all.

Buckille tämä taistelu oli vanha ja odotettu, ei lainkaan outo.

It felt like a memory of something always meant to happen.

Se tuntui kuin muistolta jostakin, jonka oli aina tarkoitus tapahtua.

Spitz was a trained fighting dog, honed by countless wild brawls.

Spitz oli koulutettu taistelukoira, jota hiottiin lukemattomilla villillä tappeluilla.

From Spitzbergen to Canada, he had mastered many foes.

Huippuvuorilta Kanadaan hän oli voittanut monia vihollisia.

He was filled with fury, but never gave control to rage.

Hän oli täynnä raivoa, mutta ei koskaan antanut raivolle valtaa.

His passion was sharp, but always tempered by hard instinct.

Hänen intohimonsa oli terävä, mutta aina kovan vaiston hillitsemä.

He never attacked until his own defense was in place.

Hän ei koskaan hyökännyt ennen kuin oma puolustus oli kunnossa.

Buck tried again and again to reach Spitz's vulnerable neck.

Buck yritti yhä uudelleen tavoittaa Spitzin haavoittuvaa kaulaa.

But every strike was met by a slash from Spitz's sharp teeth.

Mutta jokainen isku vastasi Spitzin terävien hampaiden viillolla.

Their fangs clashed, and both dogs bled from torn lips.

Niiden hampaat osuivat yhteen, ja molemmat koirat vuotivat verta repeytyneistä huulista.

No matter how Buck lunged, he couldn't break the defense.

Vaikka Buck kuinka hyökkäsi, hän ei pystynyt murtamaan puolustusta.

He grew more furious, rushing in with wild bursts of power.

Hän raivostui entisestään ja ryntäsi kimppuun villeillä voimanpurkauksilla.

Again and again, Buck struck for the white throat of Spitz.

Yhä uudelleen Buck iski Spitzin valkoista kurkkua kohti.

Each time Spitz evaded and struck back with a slicing bite.

Joka kerta Spitz väisti ja iski takaisin viiltävällä purennalla.

Then Buck shifted tactics, rushing as if for the throat again.

Sitten Buck muutti taktiikkaa ja ryntäsi jälleen ikään kuin kurkkuun.

But he pulled back mid-attack, turning to strike from the side.

Mutta hän vetäytyi kesken hyökkäyksen ja kääntyi sivulle iskemään.

He threw his shoulder into Spitz, aiming to knock him down.

Hän heitti olkapäänsä Spitziin tarkoituksenaan kaataa hänet.

Each time he tried, Spitz dodged and countered with a slash.

Joka kerta kun Spitz yritti, hän väisti ja vastasi viillolla.

Buck's shoulder grew raw as Spitz leapt clear after every hit.

Buckin olkapää vihloi, kun Spitz hyppäsi karkuun jokaisen iskun jälkeen.

Spitz had not been touched, while Buck bled from many wounds.

Spitziin ei oltu koskettu, kun taas Buck vuoti verta monista haavoista.

Buck's breath came fast and heavy, his body slick with blood.

Buckin hengitys oli nopeaa ja raskasta, hänen ruumiinsa oli verestä löysä.

The fight turned more brutal with each bite and charge.

Taistelu muuttui raa'ammaksi jokaisella puremalla ja rynnäköllä.

Around them, sixty silent dogs waited for the first to fall.

Heidän ympärillään kuusikymmentä hiljaista koiraa odotti ensimmäisen kaatuvan.

If one dog dropped, the pack were going to finish the fight.

Jos yksikin koira kaatuisi, lauma lopettaisi taistelun.

Spitz saw Buck weakening, and began to press the attack.

Spitz näki Buckin heikkenevän ja alkoi painostaa hyökkäystä.

He kept Buck off balance, forcing him to fight for footing.

Hän piti Buckin epätasapainossa pakottaen hänet taistelemaan jalansijasta.

Once Buck stumbled and fell, and all the dogs rose up.

Kerran Buck kompastui ja kaatui, ja kaikki koirat nousivat ylös.

But Buck righted himself mid-fall, and everyone sank back down.

Mutta Buck oikaisi itsensä kesken putoamisen, ja kaikki vajosivat takaisin alas.

Buck had something rare—imagination born from deep instinct.

Buckilla oli jotakin harvinaista – syvästä vaistosta syntynyt mielikuvitus.

He fought by natural drive, but he also fought with cunning.

Hän taisteli luonnollisella halulla, mutta hän taisteli myös ovelasti.

He charged again as if repeating his shoulder attack trick.

Hän rynnisti uudelleen aivan kuin toistaen olkapäähyökkäystemppuaan.

But at the last second, he dropped low and swept beneath Spitz.

Mutta viime sekunnilla hän vajosi matalalle ja pyyhkäisi Spitzin alta.

His teeth locked on Spitz's front left leg with a snap.

Hänen hampaansa lukkiutuivat napsahduksella Spitzin vasempaan etujalkaan.

Spitz now stood unsteady, his weight on only three legs.

Spitz seisoi nyt horjuen, painonsa vain kolmella jalalla.

Buck struck again, tried three times to bring him down.

Buck iski uudelleen ja yritti kolme kertaa kaataa hänet.

On the fourth attempt he used the same move with success

Neljännellä yrityksellä hän käytti samaa liikettä onnistuneesti

This time Buck managed to bite the right leg of Spitz.

Tällä kertaa Buck onnistui puremaan Spitzin oikeaa jalkaa.

Spitz, though crippled and in agony, kept struggling to survive.

Vaikka Spitz oli rampa ja tuskissaan, hän jatkoi selviytymiskamppailua.

He saw the circle of huskies tighten, tongues out, eyes glowing.

Hän näki huskyjen piirin kiristyvän, kielet ulkona, silmät hehkumassa.

They waited to devour him, just as they had done to others.

He odottivat saadakseen niellä hänet, aivan kuten olivat tehneet muillekin.

This time, he stood in the center; defeated and doomed.

Tällä kertaa hän seisoi keskellä; lyötynä ja tuhoon tuomittu.

There was no option to escape for the white dog now.

Valkoisella koiralla ei ollut enää mitään vaihtoehtoa paeta.

Buck showed no mercy, for mercy did not belong in the wild.

Buck ei osoittanut armoa, sillä armo ei kuulunut luontoon.

Buck moved carefully, setting up for the final charge.

Buck liikkui varovasti valmistautuen viimeiseen hyökkäykseen.

The circle of huskies closed in; he felt their warm breaths.

Huskyparven piiri sulkeutui; hän tunsi niiden lämpimän hengityksen.

They crouched low, prepared to spring when the moment came.

He kyykistyivät matalalle, valmiina hyppäämään, kun hetki koittaisi.

Spitz quivered in the snow, snarling and shifting his stance.

Spitz vapisi lumessa, murahti ja muutti asentoaan.

His eyes glared, lips curled, teeth flashing in desperate threat.

Hänen silmänsä loistivat, huulet käpertyivät ja hampaat välkkyivät epätoivoisen uhkan merkiksi.

He staggered, still trying to hold off the cold bite of death.

Hän horjahti, yhä yrittäen pidätellä kuoleman kylmää puremaa.

He had seen this before, but always from the winning side.

Hän oli nähnyt tämän ennenkin, mutta aina voittajan puolelta.

Now he was on the losing side; the defeated; the prey; death.

Nyt hän oli häviäjien puolella; voitettu; saalis; kuolema.

Buck circled for the final blow, the ring of dogs pressed closer.

Buck kiersi viimeistä iskua varten, koiraparvi painautui lähemmäksi.

He could feel their hot breaths; ready for the kill.

Hän tunsi heidän kuuman hengityksensä; valmiina tappamaan.

A stillness fell; all was in its place; time had stopped.

Hiljaisuus laskeutui; kaikki oli paikoillaan; aika oli pysähtynyt.

Even the cold air between them froze for one last moment.

Jopa kylmä ilma heidän välillään jäätyi viimeiseksi hetkeksi.

Only Spitz moved, trying to hold off his bitter end.

Vain Spitz liikkui yrittäen pidätellä katkeran loppunsa.

The circle of dogs was closing in around him, as was his destiny.

Koirien piiri sulkeutui hänen ympärilleen, kuten myös hänen kohtalonsa.

He was desperate now, knowing what was about to happen.

Hän oli nyt epätoivoinen, tietäen mitä oli tapahtumassa.

Buck sprang in, shoulder met shoulder one last time.
Buck hyppäsi esiin, olkapää kosketti olkapäätä viimeisen
kerran.
The dogs surged forward, covering Spitz in the snowy dark.
Koirat syöksyivät eteenpäin ja suojasivat Spitziä lumisateessa
pimeydessä.
Buck watched, standing tall; the victor in a savage world.
Buck katseli, seisten ryhdikkäästi; voittaja raa'assa
maailmassa.
**The dominant primordial beast had made its kill, and it was
good.**
Hallitseva alkukantainen peto oli saanut saaliinsa, ja se oli
hyvää.

He, Who Has Won to Mastership
Hän, joka on saavuttanut mestaruuden

"Eh? What did I say? I speak true when I say Buck is a devil."

"Häh? Mitä minä sanoin? Puhun totta sanoessani, että Buck on paholainen."

François said this the next morning after finding Spitz missing.

François sanoi tämän seuraavana aamuna löydettyään Spitzin kadonneen.

Buck stood there, covered with wounds from the vicious fight.

Buck seisoi siinä, täynnä raivokkaan taistelun haavoja.

François pulled Buck near the fire and pointed at the injuries.

François veti Buckin lähelle tulta ja osoitti vammoja.

"That Spitz fought like the Devik," said Perrault, eyeing the deep gashes.

– Tuo Spitz taisteli kuin Devik, sanoi Perrault silmäillen syviä haavoja.

"And that Buck fought like two devils," François replied at once.

– Ja tuo Buck taisteli kuin kaksi paholaista, vastasi François heti.

"Now we will make good time; no more Spitz, no more trouble."

"Nyt eemme ajoissa; ei enää Spitziä, ei enää ongelmia."

Perrault was packing the gear and loaded the sled with care.

Perrault pakkasi varusteita ja lastasi rekeä huolellisesti.

François harnessed the dogs in preparation for the day's run.

François valjasti koirat päivän juoksulenkkiä varten.

Buck trotted straight to the lead position once held by Spitz.

Buck ravasi suoraan Spitzin aiemmin pitämään johtopaikkaan.

But François, not noticing, led Solleks forward to the front.

Mutta François, huomaamatta sitä, johdatti Solleksin eteenpäin.

In François's judgment, Solleks was now the best lead-dog.
François'n mielestä Solleks oli nyt paras talutuskoira.
Buck sprang at Solleks in fury and drove him back in protest.
Buck hyökkäsi raivoissaan Solleksin kimppuun ja ajoi hänet vastalauseeksi takaisin.
He stood where Spitz once had stood, claiming the lead position.
Hän seisoi siinä missä Spitz oli aiemmin seissyt, ja otti johtoaseman itselleen.
"Eh? Eh?" cried François, slapping his thighs in amusement.
"Häh? Häh?" huudahti François ja läimäytti huvittuneena reisiään.
"Look at Buck—he killed Spitz, now he wants to take the job!"
"Katsokaa Buckia – hän tappoi Spitzin, ja nyt hän haluaa ottaa työn!"
"Go away, Chook!" he shouted, trying to drive Buck away.
"Mene pois, Chook!" hän huusi yrittäen ajaa Buckin pois.
But Buck refused to move and stood firm in the snow.
Mutta Buck kieltäytyi liikkumasta ja seisoi lujasti lumessa.
François grabbed Buck by the scruff, dragging him aside.
François tarttui Buckia niskasta ja veti hänet sivuun.
Buck growled low and threateningly but did not attack.
Buck murahti matalasti ja uhkaavasti, mutta ei hyökännyt.
François put Solleks back in the lead, trying to settle the dispute
François vei Solleksin takaisin johtoon ja yritti ratkaista kiistan.
The old dog showed fear of Buck and didn't want to stay.
Vanha koira pelkäsi Buckia eikä halunnut jäädä.
When François turned his back, Buck drove Solleks out again.
Kun François käänsi selkänsä, Buck ajoi Solleksin taas ulos.
Solleks did not resist and quietly stepped aside once more.
Solleks ei vastustellut ja astui jälleen hiljaa sivuun.
François grew angry and shouted, "By God, I fix you!"

François suuttui ja huusi: "Jumalan nimeen, minä parannan sinut!"

He came toward Buck holding a heavy club in his hand.

Hän lähestyi Buckia raskas keppi kädessään.

Buck remembered the man in the red sweater well.

Buck muisti punaiseen villapaitaan pukeutuneen miehen hyvin.

He retreated slowly, watching François, but growling deeply.

Hän perääntyi hitaasti, katsellen Françoisia, mutta muristen syvään.

He did not rush back, even when Solleks stood in his place.

Hän ei rynnännyt takaisin, ei edes silloin kun Solleks seisoi hänen paikallaan.

Buck circled just beyond reach, snarling in fury and protest.

Buck kiersi aivan ulottumattomissa, muristen raivosta ja vastalauseista.

He kept his eyes on the club, ready to dodge if François threw.

Hän piti katseensa nuijassa valmiina väistämään, jos François heittäisi.

He had grown wise and wary in the ways of men with weapons.

Hän oli viisastunut ja varovainen aseistettujen miesten tavoissa.

François gave up and called Buck to his former place again.

François luovutti ja kutsui Buckin takaisin entiselle paikalleen.

But Buck stepped back cautiously, refusing to obey the order.

Mutta Buck astui varovasti taaksepäin kieltäytyen tottelemasta käskyä.

François followed, but Buck only retreated a few steps more.

François seurasi perässä, mutta Buck perääntyi vain muutaman askeleen lisää.

After some time, François threw the weapon down in frustration.

Jonkin ajan kuluttua François heitti aseen turhautuneena maahan.

He thought Buck feared a beating and was going to come quietly.

Hän luuli Buckin pelkäävän selkäsaunaa ja tulevan hiljaa.

But Buck wasn't avoiding punishment — he was fighting for rank.

Mutta Buck ei vältellyt rangaistusta – hän taisteli arvoasemastaan.

He had earned the lead-dog spot through a fight to the death

Hän oli ansainnut johtajakoiran paikan taistelemalla kuolemaan asti

he was not going to settle for anything less than being the leader.

hän ei aikonut tyytyä vähempään kuin johtajan asemaan.

Perrault took a hand in the chase to help catch the rebellious Buck.

Perrault osallistui takaa-ajoon auttaakseen kapinallisen Buckin nappaamaan.

Together, they ran him around the camp for nearly an hour.

Yhdessä he juoksentelivat häntä leirin ympäri lähes tunnin ajan.

They hurled clubs at him, but Buck dodged each one skillfully.

He heittivät häntä nuijilla, mutta Buck väisti jokaisen taitavasti.

They cursed him, his ancestors, his descendants, and every hair on him.

He kirosivat häntä, hänen esi-isiään, hänen jälkeläisiään ja jokaista hänen hiuskarvaansa.

But Buck only snarled back and stayed just out of their reach.

Mutta Buck vain murahti takaisin ja pysytteli juuri ja juuri heidän ulottumattomissaan.

He never tried to run away but circled the camp deliberately.

Hän ei koskaan yrittänyt paeta, vaan kiersi leirin ympäri tarkoituksella.

He made it clear he was going to obey once they gave him what he wanted.

Hän teki selväksi, että tottelisi, kun he antaisivat hänelle haluamansa.

François finally sat down and scratched his head in frustration.

François istuutui lopulta alas ja raapi päätään turhautuneena.

Perrault checked his watch, swore, and muttered about lost time.

Perrault katsoi kelloaan, kirosi ja mutisi menetettyä aikaa.

An hour had already passed when they should have been on the trail.

Tunti oli jo kulunut, kun heidän olisi pitänyt olla polulla.

François shrugged sheepishly at the courier, who sighed in defeat.

François kohautti olkapäitään nolostuneesti kuriirille, joka huokaisi tappion merkiksi.

Then François walked to Solleks and called out to Buck once more.

Sitten François käveli Solleksin luo ja huusi Buckille vielä kerran.

Buck laughed like a dog laughs, but kept his cautious distance.

Buck nauroi kuin koira, mutta pysytteli varovaisen etäisyyttä.

François removed Solleks's harness and returned him to his spot.

François otti Solleksin valjaat pois ja palautti hänet paikalleen.

The sled team stood fully harnessed, with only one spot unfilled.

Pulkkavaljakko seisoi täydessä valjastossa, vain yksi paikka oli täyttämättä.

The lead position remained empty, clearly meant for Buck alone.

Johtopaikka pysyi tyhjänä, selvästi tarkoitettuna vain Buckille.

François called again, and again Buck laughed and held his ground.

François huusi uudestaan, ja taas Buck nauroi ja piti pintansa.

"Throw down the club," Perrault ordered without hesitation.

"Heitä pamppu maahan", Perrault määräsi epäröimättä.

François obeyed, and Buck immediately trotted forward proudly.

François totteli, ja Buck ravasi heti ylpeänä eteenpäin.

He laughed triumphantly and stepped into the lead position.

Hän nauroi voitonriemuisesti ja astui johtoasemaan.

François secured his traces, and the sled was broken loose.

François varmisti jälkiensä siteet, ja reki päästettiin irti.

Both men ran alongside as the team raced onto the river trail.

Molemmat miehet juoksivat rinnakkain, kun joukkue kiiruhti jokipolulle.

François had thought highly of Buck's "two devils,"

François oli pitänyt Buckin "kahdesta paholaisesta" suuresti.

but he soon realized he had actually underestimated the dog.

mutta pian hän tajusi aliarvioineensa koiran.

Buck quickly assumed leadership and performed with excellence.

Buck otti nopeasti johtajuuden ja suoriutui erinomaisesti.

In judgment, quick thinking, and fast action, Buck surpassed Spitz.

Harkintakyvyssä, nopeassa ajattelussa ja nopeassa toiminnassa Buck ylitti Spitzin.

François had never seen a dog equal to what Buck now displayed.

François ei ollut koskaan nähnyt koiraa, jollaista Buck nyt esitteli.

But Buck truly excelled in enforcing order and commanding respect.

Mutta Buck todella loisti järjestyksen valvomisessa ja kunnioituksen herättämisessä.

Dave and Solleks accepted the change without concern or protest.

Dave ja Solleks hyväksyivät muutoksen huoletta tai vastalauseettomatta.

They focused only on work and pulling hard in the reins.

He keskittyivät vain työhön ja ohjasten kovaan vetämiseen.

They cared little who led, so long as the sled kept moving.

Heitä ei kiinnostanut kuka johti, kunhan reki pysyi liikkeessä.

Billee, the cheerful one, could have led for all they cared.

Billee, tuo iloinen, olisi voinut johtaa, vaikka he välittäisivätkin.

What mattered to them was peace and order in the ranks.

Heille tärkeintä oli rauha ja järjestys riveissä.

The rest of the team had grown unruly during Spitz's decline.

Muu joukkue oli käynyt kurittomaksi Spitzin alamäen aikana.

They were shocked when Buck immediately brought them to order.

He olivat järkyttyneitä, kun Buck heti pakotti heidät järjestykseen.

Pike had always been lazy and dragging his feet behind Buck.

Pike oli aina ollut laiska ja laahannut jalkojaan Buckin perässä.

But now was sharply disciplined by the new leadership.

Mutta nyt uusi johto kuritti häntä ankarasti.

And he quickly learned to pull his weight in the team.

Ja hän oppi nopeasti kantamaan vastuuta joukkueessa.

By the end of the day, Pike worked harder than ever before.

Päivän loppuun mennessä Pike työskenteli kovemmin kuin koskaan ennen.

That night in camp, Joe, the sour dog, was finally subdued.

Sinä iltana leirissä Joe, hapan koira, oli vihdoin talttunut.

Spitz had failed to discipline him, but Buck did not fail.

Spitz ei ollut onnistunut kurittamaan häntä, mutta Buck ei epäonnistunut.

Using his greater weight, Buck overwhelmed Joe in seconds.

Suuremmalla painollaan Buck peittosi Joen sekunneissa.

He bit and battered Joe until he whimpered and ceased resisting.

Hän puri ja hakkasi Joeta, kunnes tämä vinkui ja lakkasi vastustelemasta.

The whole team improved from that moment on.

Koko joukkue parani siitä hetkestä lähtien.

The dogs regained their old unity and discipline.

Koirat saivat takaisin vanhan yhtenäisyytensä ja kurinalaisuuden.

At Rink Rapids, two new native huskies, Teek and Koona, joined.

Rink Rapidsissa kaksi uutta kotoperäistä huskya, Teek ja Koona, liittyivät mukaan.

Buck's swift training of them astonished even François.

Buckin nopea koulutus hämmästytti jopa Françoisia.

"Never was there such a dog as that Buck!" he cried in amazement.

"Ei ole koskaan ollut tuollaista koiraa kuin tuo Buck!" hän huudahti hämmästyneenä.

"No, never! He's worth one thousand dollars, by God!"

"Ei, ei koskaan! Hän on tuhannen dollarin arvoinen, jumalauta!"

"Eh? What do you say, Perrault?" he asked with pride.

"Häh? Mitä sanot, Perrault?" hän kysyi ylpeänä.

Perrault nodded in agreement and checked his notes.

Perrault nyökkäsi myöntävästi ja tarkisti muistiinpanojaan.

We're already ahead of schedule and gaining more each day.

Olemme jo aikataulusta edellä ja saamme lisää joka päivä.

The trail was hard-packed and smooth, with no fresh snow.

Polku oli kovaksi tallattu ja tasainen, eikä uutta lunta ollut satanut.

The cold was steady, hovering at fifty below zero throughout.

Kylmyys oli tasaista, koko ajan viisikymmentä astetta pakkasen puolella.

The men rode and ran in turns to keep warm and make time.

Miehet ratsastivat ja juoksivat vuorotellen pysyäkseen lämpiminä ja kiirehtiäkseen.

The dogs ran fast with few stops, always pushing forward.

Koirat juoksivat nopeasti pysähdyksin, aina eteenpäin työntyen.

The Thirty Mile River was mostly frozen and easy to travel across.

Kolmekymmentämailin joki oli enimmäkseen jäässä ja helppo ylittää.

They went out in one day what had taken ten days coming in.

He lähtivät yhdessä päivässä, kun taas takaisin tullessa he olivat kuluneet kymmenen päivää.

They made a sixty-mile dash from Lake Le Barge to White Horse.

He tekivät kuudenkymmenen mailin mittaisen syöksyn Lake Le Bargesta White Horseen.

Across Marsh, Tagish, and Bennett Lakes they moved incredibly fast.

Marsh-, Tagish- ja Bennett-järvien yli he liikkuivat uskomattoman nopeasti.

The running man towed behind the sled on a rope.

Juokseva mies hinattiin köydellä reen perässä.

On the last night of week two they got to their destination.

Toisen viikon viimeisenä iltana he saapuivat määränpäähänsä.

They had reached the top of White Pass together.

He olivat yhdessä saavuttaneet White Passin huipun.

They dropped down to sea level with Skaguay's lights below them.

He laskeutuivat merenpinnan tasolle Skaguayn valot alapuolellaan.

It had been a record-setting run across miles of cold wilderness.

Se oli ollut ennätykselliset juoksut kilometrien päässä kylmästä erämaasta.

For fourteen days straight, they averaged a strong forty miles.

Neljäntoista päivän ajan putkeen he kulkivat keskimäärin vahvat neljäkymmentä mailia.

In Skaguay, Perrault and François moved cargo through town.

Skaguayssa Perrault ja François kuljettivat lastia kaupungin läpi.

They were cheered and offered many drinks by admiring crowds.

Ihaileva väkijoukko hurrasi heille ja tarjosi heille paljon juomia.

Dog-busters and workers gathered around the famous dog team.

Koiranmetsästäjät ja työläiset kokoontuivat kuuluisan koiravaljakon ympärille.

Then western outlaws came to town and met violent defeat.

Sitten länsimaalaiset lainsuojattomat tulivat kaupunkiin ja kärsivät väkivaltaisen tappion.

The people soon forgot the team and focused on new drama.

Ihmiset unohtivat pian joukkueen ja keskittyivät uuteen draamaan.

Then came the new orders that changed everything at once.

Sitten tulivat uudet määräykset, jotka muuttivat kaiken kerralla.

François called Buck to him and hugged him with tearful pride.

François kutsui Buckin luokseen ja halasi tätä kyynelsilmin silmissä ylpeänä.

That moment was the last time Buck ever saw François again.

Se hetki oli viimeinen kerta, kun Buck näki Françoisin enää.

Like many men before, both François and Perrault were gone.

Kuten monet miehet ennenkin, sekä François että Perrault olivat poissa.

A Scotch half-breed took charge of Buck and his sled dog teammates.

Skotlantilainen puoliverinen otti Buckin ja hänen rekikoiratoveriensa vastuulle.

With a dozen other dog teams, they returned along the trail to Dawson.

Tusinaisen muun koiravaljakon kanssa he palasivat polkua pitkin Dawsoniin.

It was no fast run now—just heavy toil with a heavy load each day.

Se ei ollut enää nopeaa juoksua – vain raskasta uurastusta raskaan taakan kanssa joka päivä.

This was the mail train, bringing word to gold hunters near the Pole.

Tämä oli postijuna, joka toi sanan kullanmetsästäjille lähellä napaa.

Buck disliked the work but bore it well, taking pride in his effort.

Buck ei pitänyt työstä, mutta kesti sen hyvin ja oli ylpeä ponnisteluistaan.

Like Dave and Solleks, Buck showed devotion to every daily task.

Kuten Dave ja Solleks, Buck osoitti omistautumista jokaiselle päivittäiselle tehtävälle.

He made sure his teammates each pulled their fair weight.

Hän varmisti, että kaikki hänen joukkuetoverinsa tekivät oman osansa.

Trail life became dull, repeated with the precision of a machine.

Polun elämä muuttui tylsäksi, toistuen koneen tarkkuudella.

Each day felt the same, one morning blending into the next.

Jokainen päivä tuntui samalta, yksi aamu sulautui seuraavaan.

At the same hour, the cooks rose to build fires and prepare food.

Samalla hetkellä kokit nousivat tekemään nuotioita ja valmistamaan ruokaa.

After breakfast, some left camp while others harnessed the dogs.

Aamiaisen jälkeen jotkut lähtivät leiristä, kun taas toiset valjastivat koirat.

They hit the trail before the dim warning of dawn touched the sky.

He pääsivät polulle ennen kuin aamunkoiton himmeä varoitus kosketti taivasta.

At night, they stopped to make camp, each man with a set duty.

Yöksi he pysähtyivät leiriytymään, ja jokaisella miehellä oli oma tehtävänsä.

Some pitched the tents, others cut firewood and gathered pine boughs.

Jotkut pystyttivät teltat, toiset pilkkoivat polttopuita ja keräsivät männynoksia.

Water or ice was carried back to the cooks for the evening meal.

Vettä tai jäätä kannettiin takaisin kokeille illallista varten.

The dogs were fed, and this was the best part of the day for them.

Koirat ruokittiin, ja tämä oli niille päivän paras osa.

After eating fish, the dogs relaxed and lounged near the fire.

Syötyään kalaa koirat rentoutuivat ja makoilivat nuotion lähellä.

There were a hundred other dogs in the convoy to mingle with.

Saattueessa oli sata muuta koiraa, joiden kanssa seurustella.

Many of those dogs were fierce and quick to fight without warning.

Monet noista koirista olivat raivokkaita ja nopeasti taistelemaan varoittamatta.

But after three wins, Buck mastered even the fiercest fighters.

Mutta kolmen voiton jälkeen Buck hallitsi jopa kovimmatkin taistelijat.

Now when Buck growled and showed his teeth, they stepped aside.

Kun Buck nyt murahti ja näytti hampaitaan, he astuivat sivuun.

Perhaps best of all, Buck loved lying near the flickering campfire.

Ehkä parasta kaikesta oli se, että Buck rakasti maata lepattavan nuotion lähellä.

He crouched with hind legs tucked and front legs stretched ahead.

Hän kyykistyi takajalat koukussa ja etujalat ojennettuina eteenpäin.

His head was raised as he blinked softly at the glowing flames.

Hän nosti päätään ja räpytteli silmiään pehmeästi hehkuville liekeille.

Sometimes he recalled Judge Miller's big house in Santa Clara.

Joskus hän muisti tuomari Millerin suuren talon Santa Clarassa.

He thought of the cement pool, of Ysabel, and the pug called Toots.

Hän ajatteli sementtiallasta, Ysabelia ja mopsia nimeltä Toots.

But more often he remembered the man with the red sweater's club.

Mutta useammin hän muisti punavillaisen miehen nuijan.

He remembered Curly's death and his fierce battle with Spitz.

Hän muisti Kiharan kuoleman ja ankaran taistelunsa Spitzin kanssa.

He also recalled the good food he had eaten or still dreamed of.

Hän muisteli myös hyvää ruokaa, jota oli syönyt tai josta hän yhä unelmoi.

Buck was not homesick—the warm valley was distant and unreal.

Buckilla ei ollut koti-ikävää – lämmin laakso oli kaukainen ja epätodellinen.

Memories of California no longer held any real pull over him.

Kalifornian muistot eivät enää vedättäneet häntä puoleensa.

Stronger than memory were instincts deep in his bloodline.

Muistia vahvempia olivat vaistot syvällä hänen suvussaan.

Habits once lost had returned, revived by the trail and the wild.

Kerran menetetyt tavat olivat palanneet, polun ja erämaan herättäminä henkiin.

As Buck watched the firelight, it sometimes became something else.

Buckin katsellessa nuotionvaloa siitä tuli joskus jotain muuta.

He saw in the firelight another fire, older and deeper than the present one.

Hän näki tulenvalossa toisen tulen, vanhemman ja syvemmän kuin nykyinen.

Beside that other fire crouched a man unlike the half-breed cook.

Tuon toisen tulen vieressä kyykistyi mies, joka ei ollut samanlainen kuin puoliverinen kokki.

This figure had short legs, long arms, and hard, knotted muscles.

Tällä hahmolla oli lyhyet jalat, pitkät käsivarret ja kovat, solmuiset lihakset.

His hair was long and matted, sloping backward from the eyes.

Hänen hiuksensa olivat pitkät ja takkuiset, ja ne laskivat taaksepäin silmien alta.

He made strange sounds and stared out in fear at the darkness.

Hän päästi outoja ääniä ja tuijotti peloissaan pimeyttä.

He held a stone club low, gripped tightly in his long rough hand.

Hän piteli kivistä nuijaa matalalla, tiukasti puristettuna pitkässä, karheassa kädessään.

The man wore little; just a charred skin that hung down his back.

Miehellä oli yllään vain vähän vaatteita; vain hiiltynyt iho, joka roikkui hänen selkäänsä pitkin.

His body was covered with thick hair across arms, chest, and thighs.

Hänen vartaloaan peitti paksu karva käsivarsissa, rinnassa ja reisissä.

Some parts of the hair were tangled into patches of rough fur.

Jotkut hiuksista olivat sotkeutuneet karheiksi turkkilaikuiksi.

He did not stand straight but bent forward from the hips to knees.

Hän ei seissyt suorassa, vaan oli kumarassa eteenpäin lantiosta polviin.

His steps were springy and catlike, as if always ready to leap.

Hänen askeleensa olivat joustavat ja kissamaiset, ikään kuin aina valmiina hyppäämään.

There was a sharp alertness, like he lived in constant fear.

Hän oli terävän valppaana, aivan kuin hän olisi elänyt jatkuvassa pelossa.

This ancient man seemed to expect danger, whether the danger was seen or not.

Tämä muinainen mies näytti odottavan vaaraa, näkyipä vaaraa tai ei.

At times the hairy man slept by the fire, head tucked between legs.

Välillä karvainen mies nukkui tulen ääressä pää jalkojen välissä.

His elbows rested on his knees, hands clasped above his head.

Hänen kyynärpäänsä lepäsivät polvillaan, kädet ristissä pään yläpuolella.

Like a dog he used his hairy arms to shed off the falling rain.

Koiran tavoin hän käytti karvaisia käsivarsiaan pudistaakseen pois putoavan sateen.

Beyond the firelight, Buck saw twin coals glowing in the dark.

Tulenvalossa Buck näki kaksi hiiliä hehkuvan pimeässä.

Always two by two, they were the eyes of stalking beasts of prey.

Aina pareittain, ne olivat vaanivien petoeläinten silmät.

He heard bodies crash through brush and sounds made in the night.

Hän kuuli ruumiiden rysähdyksiä pensaiden läpi ja ääniä yössä.

Lying on the Yukon bank, blinking, Buck dreamed by the fire.

Makaessaan Yukonin rannalla ja räpytellen silmiään Buck unelmoi nuotion ääressä.

The sights and sounds of that wild world made his hair stand up.

Tuon villin maailman näkymät ja äänet nostivat hänen hiuksensa pystyyn.

The fur rose along his back, his shoulders, and up his neck.

Karva nousi pystyyn hänen selkäänsä, hartioitaan ja kaulaansa pitkin.

He whimpered softly or gave a low growl deep in his chest.

Hän vinkui hiljaa tai murahti matalasti syvällä rinnassaan.

Then the half-breed cook shouted, "Hey, you Buck, wake up!"

Sitten puoliverinen kokki huusi: "Hei, Buck, herää!"

The dream world vanished, and real life returned to Buck's eyes.

Unelmamaailma katosi, ja todellinen elämä palasi Buckin silmiin.

He was going to get up, stretch, and yawn, as if woken from a nap.

Hän aikoi nousta ylös, venytellä ja haukotella, aivan kuin olisi herännyt torkuilta.

The trip was hard, with the mail sled dragging behind them.

Matka oli raskas, postireen laahatessa perässä.

Heavy loads and tough work wore down the dogs each long day.

Raskaat kuormat ja kova työ uuvuttivat koiria joka pitkä päivä.

They reached Dawson thin, tired, and needing over a week's rest.

He saapuivat Dawsoniin laihoina, väsyneinä ja yli viikon lepoa tarvitsevina.

But only two days later, they set out down the Yukon again.

Mutta vain kaksi päivää myöhemmin he lähtivät taas matkaan alas Yukonia.

They were loaded with more letters bound for the outside world.

Ne lastattiin lisää kirjeillä, jotka oli tarkoitettu ulkomaailmaan.

The dogs were exhausted and the men were complaining constantly.

Koirat olivat uupuneita ja miehet valittivat jatkuvasti.

Snow fell every day, softening the trail and slowing the sleds.

Lunta satoi joka päivä, pehmentäen polkua ja hidastaen kelkkoja.

This made for harder pulling and more drag on the runners.

Tämä vaikeutti vetämistä ja lisäsi vastusta jalankulkijoille.

Despite that, the drivers were fair and cared for their teams.

Siitä huolimatta kuljettajat olivat reiluja ja välittivät tiimeistään.

Each night, the dogs were fed before the men got to eat.

Joka ilta koirat ruokittiin ennen kuin miehet pääsivät syömään.

No man slept before checking the feet of his own dog's.

Yksikään mies ei nukkunut tarkistamatta oman koiransa jalkoja.

Still, the dogs grew weaker as the miles wore on their bodies.

Koirat kuitenkin heikkenivät kilometrien rasittaessa niiden kehoa.

They had traveled eighteen hundred miles through the winter.

He olivat matkustaneet kahdeksansataa mailia läpi talven.

They pulled sleds across every mile of that brutal distance.
He vetivät kelkkoja jokaisen mailin yli tuolla julmalla matkalla.
Even the toughest sled dogs feel strain after so many miles.
Kovimmatkin rekikoirat tuntevat rasitusta niin monien kilometrien jälkeen.
Buck held on, kept his team working, and maintained discipline.
Buck piti pintansa, piti tiiminsä työssä ja säilytti kurin.
But Buck was tired, just like the others on the long journey.
Mutta Buck oli väsynyt, aivan kuten muutkin pitkällä matkalla.
Billee whimpered and cried in his sleep each night without fail.
Billee valitti ja itki unissaan joka yö taukoamatta.
Joe grew even more bitter, and Solleks stayed cold and distant.
Joe katkeroitui entisestään, ja Solleks pysyi kylmänä ja etäisenä.
But it was Dave who suffered the worst out of the entire team.
Mutta koko joukkueesta pahiten kärsi Dave.
Something had gone wrong inside him, though no one knew what.
Jokin hänen sisällään oli mennyt pieleen, vaikka kukaan ei tiennyt mitä.
He became moodier and snapped at others with growing anger.
Hänestä tuli pahantuulisempi ja hän tiuskaisi toisille kasvavalla vihalla.
Each night he went straight to his nest, waiting to be fed.
Joka yö hän meni suoraan pesäänsä odottamaan ruokaa.
Once he was down, Dave did not get up again till morning.
Kun Dave oli kerran laskeutunut maahan, hän ei noussut ylös ennen aamua.
On the reins, sudden jerks or starts made him cry out in pain.

Ohjissa äkilliset nykäykset tai säpsähdykset saivat hänet huutamaan tuskasta.

His driver searched for the cause, but found no injury on him.

Kuljettaja etsi syytä onnettomuuteen, mutta ei löytänyt miehestä vammoja.

All the drivers began watching Dave and discussed his case.

Kaikki kuljettajat alkoivat tarkkailla Davea ja keskustella hänen tapauksestaan.

They talked at meals and during their final smoke of the day.

He juttelivat aterioilla ja päivän viimeisen savukkeen polttaessaan.

One night they held a meeting and brought Dave to the fire.

Eräänä iltana he pitivät kokouksen ja toivat Daven tulen ääreen.

They pressed and probed his body, and he cried out often.

He painoivat ja tutkivat hänen ruumistaan, ja hän huusi usein.

Clearly, something was wrong, though no bones seemed broken.

Selvästikin jokin oli vialla, vaikka luita ei näyttänyt olevan murtunut.

By the time they reached Cassiar Bar, Dave was falling down.

Siihen mennessä kun he saapuivat Cassiar Barille, Dave oli kaatumassa.

The Scotch half-breed called a halt and removed Dave from the team.

Skotlantilainen puoliverinen pysäytti valjakon ja poisti Daven valjakosta.

He fastened Solleks in Dave's place, closest to the sled's front.

Hän kiinnitti Solleksin Daven paikalle, lähimmäksi reen etuosaa.

He meant to let Dave rest and run free behind the moving sled.

Hän aikoi antaa Daven levätä ja juosta vapaana liikkuvan reen perässä.

But even sick, Dave hated being taken from the job he had owned.

Mutta sairaanakin Dave vihasi sitä, että hänet erotettiin aiemmin omistamastaan työstä.

He growled and whimpered as the reins were pulled from his body.

Hän murahti ja vinkui, kun ohjat vedettiin pois hänen ruumiistaan.

When he saw Solleks in his place, he cried with broken-hearted pain.

Nähdessään Solleksin hänen paikallaan hän itki särkyneestä sydämestä.

The pride of trail work was deep in Dave, even as death approached.

Polkutyön ylpeys oli syvällä Davessa, jopa kuoleman lähestyessä.

As the sled moved, Dave floundered through soft snow near the trail.

Kelkan liikkuessa Dave rämpi pehmeässä lumessa lähellä polkua.

He attacked Solleks, biting and pushing him from the sled's side.

Hän hyökkäsi Solleksin kimppuun puremalla ja työntämällä tätä reen kyljestä.

Dave tried to leap into the harness and reclaim his working spot.

Dave yritti hypätä valjaisiin ja vallata takaisin työpaikkansa.

He yelped, whined, and cried, torn between pain and pride in labor.

Hän huusi, vinkui ja itki, ristitulessa kivun ja synnytysylpeyden välillä.

The half-breed used his whip to try driving Dave away from the team.

Puoliverinen yritti ajaa Daven pois joukkueen luota ruoskallaan.

But Dave ignored the lash, and the man couldn't strike him harder.

Mutta Dave jätti ruoskan huomiotta, eikä mies voinut lyödä häntä kovemmin.

Dave refused the easier path behind the sled, where snow was packed.

Dave kieltäytyi helpommasta polusta reen takana, jossa lunta oli pakkautunut.

Instead, he struggled in the deep snow beside the trail, in misery.

Sen sijaan hän kamppaili kurjuudessa polun vieressä olevassa syvässä lumessa.

Eventually, Dave collapsed, lying in the snow and howling in pain.

Lopulta Dave lyyhistyi makaamaan lumeen ja ulvoi tuskasta.

He cried out as the long train of sleds passed him one by one.

Hän huudahti, kun pitkä kelkkajono ohitti hänet yksi kerrallaan.

Still, with what strength remained, he rose and stumbled after them.

Jäljellä olevilla voimillaan hän kuitenkin nousi ja kompuroi heidän peräänsä.

He caught up when the train stopped again and found his old sled.

Hän saavutti junan pysähtyessä uudelleen ja löysi vanhan rekänsä.

He floundered past the other teams and stood beside Solleks again.

Hän lipui rämpimällä muiden joukkueiden ohi ja seisoi taas Solleksin vieressä.

As the driver paused to light his pipe, Dave took his last chance.

Kun kuljettaja pysähtyi sytyttääkseen piippunsa, Dave käytti viimeisen tilaisuutensa.

When the driver returned and shouted, the team didn't move forward.

Kun kuljettaja palasi ja huusi, joukkue ei edennyt eteenpäin.
The dogs had turned their heads, confused by the sudden stoppage.
Koirat olivat kääntäneet päätään hämmentyneinä äkillisestä pysähdyksestä.
The driver was shocked too—the sled hadn't moved an inch forward.
Kuljettajakin oli järkyttynyt – reki ei ollut liikkunut tuumaakaan eteenpäin.
He called out to the others to come and see what had happened.
Hän huusi muille, että he tulisivat katsomaan, mitä oli tapahtunut.
Dave had chewed through Solleks's reins, breaking both apart.
Dave oli pureskellut Solleksin ohjat poikki ja katkaissut molemmat.
Now he stood in front of the sled, back in his rightful position.
Nyt hän seisoi reen edessä, takaisin oikealla paikallaan.
Dave looked up at the driver, silently pleading to stay in the traces.
Dave katsoi kuljettajaa ja aneli hiljaa saada pysyä köysissä.
The driver was puzzled, unsure of what to do for the struggling dog.
Kuljettaja oli hämmentynyt, eikä tiennyt, mitä tehdä kamppailevalle koiralle.
The other men spoke of dogs who had died from being taken out.
Muut miehet puhuivat koirista, jotka olivat kuolleet ulos otettaessa.
They told of old or injured dogs whose hearts broke when left behind.
He kertoivat vanhoista tai loukkaantuneista koirista, joiden sydämet särkyivät, kun ne jätettiin taakse.
They agreed it was mercy to let Dave die while still in his harness.

He olivat yhtä mieltä siitä, että oli armoa antaa Daven kuolla vielä valjaissaan.

He was fastened back onto the sled, and Dave pulled with pride.

Hänet kiinnitettiin takaisin kelkkaan, ja Dave veti ylpeänä.

Though he cried out at times, he worked as if pain could be ignored.

Vaikka hän huusi ajoittain, hän työskenteli aivan kuin kipua ei voisi sivuuttaa.

More than once he fell and was dragged before rising again.

Hän kaatui useammin kuin kerran ja joutui raahautumaan ennen kuin nousi uudelleen.

Once, the sled rolled over him, and he limped from that moment on.

Kerran reki pyörähti hänen ylitseen, ja hän ontui siitä hetkestä lähtien.

Still, he worked until camp was reached, and then lay by the fire.

Silti hän työskenteli, kunnes leiri saavutti, ja sitten makasi nuotion ääressä.

By morning, Dave was too weak to travel or even stand upright.

Aamuun mennessä Dave oli liian heikko matkustaakseen tai edes seistäkseen pystyssä.

At harness-up time, he tried to reach his driver with trembling effort.

Valjaiden kiinnittämisen hetkellä hän yritti vapisevin voimin tavoittaa kuljettajaansa.

He forced himself up, staggered, and collapsed onto the snowy ground.

Hän nousi ylös, horjahti ja lysähti lumipeitteiselle maalle.

Using his front legs, he dragged his body toward the harnessing area.

Etujalkojaan käyttäen hän raahasi ruumistaan kohti valjaiden kiinnitysaluetta.

He hitched himself forward, inch by inch, toward the working dogs.

Hän hiipi eteenpäin, tuuma tuumalta, työkoiria kohti.
His strength gave out, but he kept moving in his last desperate push.
Hänen voimansa pettivät, mutta hän jatkoi viimeistä epätoivoista ponnistustaan.
His teammates saw him gasping in the snow, still longing to join them.
Hänen joukkuetoverinsa näkivät hänen haukkovan henkeään lumessa, yhä kaipaavan liittyä heidän seuraansa.
They heard him howling with sorrow as they left the camp behind.
He kuulivat hänen ulvovan surusta lähtiessään leiristä taakseen.
As the team vanished into trees, Dave's cry echoed behind them.
Kun joukkue katosi puiden sekaan, Daven huuto kaikui heidän takanaan.
The sled train halted briefly after crossing a stretch of river timber.
Rekijuna pysähtyi hetkeksi ylitettyään jokimetsän.
The Scotch half-breed walked slowly back toward the camp behind.
Skotlantilainen puoliverinen käveli hitaasti takaisin kohti takanaan olevaa leiriä.
The men stopped speaking when they saw him leave the sled train.
Miehet lopettivat puhumisen nähdessään hänen poistuvan rekijunasta.
Then a single gunshot rang out clear and sharp across the trail.
Sitten yksi ainoa laukaus kajahti selvästi ja terävästi polun poikki.
The man returned quickly and took up his place without a word.
Mies palasi nopeasti takaisin ja istuutui paikalleen sanomatta sanaakaan.

Whips cracked, bells jingled, and the sleds rolled on through snow.

Ruoskat pauhasivat, kellot kilisivät ja reet vierivät eteenpäin lumen läpi.

But Buck knew what had happened — and so did every other dog.

Mutta Buck tiesi, mitä oli tapahtunut – ja niin tiesivät kaikki muutkin koirat.

The Toil of Reins and Trail
Ohjien ja polun vaivannäkö

Thirty days after leaving Dawson, the Salt Water Mail reached Skaguay.
Kolmekymmentä päivää Dawsonista lähdön jälkeen Salt Water Mail saapui Skaguayhin.
Buck and his teammates pulled the lead, arriving in pitiful condition.
Buck ja hänen joukkuetoverinsa ottivat johdon saapuessaan paikalle surkeassa kunnossa.
Buck had dropped from one hundred forty to one hundred fifteen pounds.
Buck oli pudonnut sadasta neljästäkymmenestä kilosta sataan viiteentoista paunaan.
The other dogs, though smaller, had lost even more body weight.
Muut koirat, vaikkakin pienempiä, olivat laihtuneet vielä enemmän.
Pike, once a fake limper, now dragged a truly injured leg behind him.
Pike, joka aiemmin teeskenteli ontuvan, raahasi nyt todella loukkaantunutta jalkaansa perässään.
Solleks was limping badly, and Dub had a wrenched shoulder blade.
Solleks ontui pahasti, ja Dubin lapaluu oli vääntynyt.
Every dog in the team was footsore from weeks on the frozen trail.
Jokaisen joukkueen koiran jalat olivat kipeät viikkojen jäätyneellä polulla vietettyään.
They had no spring left in their steps, only slow, dragging motion.
Heidän askeleissaan ei ollut enää lainkaan joustavuutta, vain hidas, laahustava liike.
Their feet hit the trail hard, each step adding more strain to their bodies.

Heidän jalkansa osuivat lujaa polkuun, ja jokainen askel lisäsi rasitusta heidän kehoilleen.

They were not sick, only drained beyond all natural recovery.

He eivät olleet sairaita, vain uupuneita luonnollisen toipumisen yli.

This was not tiredness from one hard day, cured with a night's rest.

Tämä ei ollut yhden raskaan päivän aiheuttamaa väsymystä, joka olisi parantunut yöunilla.

It was exhaustion built slowly through months of grueling effort.

Se oli uupumusta, joka rakentui hitaasti kuukausien uuvuttavan ponnistelun tuloksena.

No reserve strength remained—they had used up every bit they had.

Ei ollut enää reservivoimaa – he olivat käyttäneet kaiken jäljellä olevan.

Every muscle, fiber, and cell in their bodies was spent and worn.

Jokainen lihas, kuitu ja solu heidän kehoissaan oli kulunut loppuun.

And there was a reason—they had covered twenty-five hundred miles.

Ja siihen oli syy – he olivat kulkeneet kaksituhatta viisisataa mailia.

They had rested only five days during the last eighteen hundred miles.

He olivat levänneet vain viisi päivää viimeisten kahdeksantoistasadan mailin aikana.

When they reached Skaguay, they looked barely able to stand upright.

Skaguayhin saapuessaan he näyttivät tuskin pystyvän seisomaan pystyssä.

They struggled to keep the reins tight and stay ahead of the sled.

Heillä oli vaikeuksia pitää ohjat tiukasti ja pysyä reen edellä.

On downhill slopes, they only managed to avoid being run over.

Alamäissä he onnistuivat vain välttämään yliajon.

"March on, poor sore feet," the driver said as they limped along.

"Marssia eteenpäin, raukat kipeät jalat", kuljettaja sanoi heidän ontuessaan eteenpäin.

"This is the last stretch, then we all get one long rest, for sure."

"Tämä on viimeinen osuus, ja sitten me kaikki saamme varmasti yhden pitkän lepotauon."

"One truly long rest," he promised, watching them stagger forward.

"Yksi todella pitkä lepo", hän lupasi katsellen heidän horjuvan eteenpäin.

The drivers expected they were going to now get a long, needed break.

Kuljettajat odottivat saavansa nyt pitkän ja tarpeellisen tauon.

They had traveled twelve hundred miles with only two days' rest.

He olivat matkustaneet kaksisataa kilometriä vain kahden päivän lepotauolla.

By fairness and reason, they felt they had earned time to relax.

Kohtuullisuuden ja oikeudenmukaisuuden nimissä he kokivat ansainneensa aikaa rentoutua.

But too many had come to the Klondike, and too few had stayed home.

Mutta liian monet olivat tulleet Klondikeen, ja liian harvat olivat jääneet kotiin.

Letters from families flooded in, creating piles of delayed mail.

Kirjeitä perheiltä tulvi sisään, mikä loi kasoja viivästyneitä postilähetyksiä.

Official orders arrived—new Hudson Bay dogs were going to take over.

Viralliset määräykset saapuivat – uudet Hudson Bayn koirat
ottaisivat vallan.

**The exhausted dogs, now called worthless, were to be
disposed of.**

Uupuneet koirat, joita nyt kutsuttiin arvottomiksi, oli tarkoitus
hävittää.

**Since money mattered more than dogs, they were going to
be sold cheaply.**

Koska raha merkitsi enemmän kuin koirat, ne myytäisiin
halvalla.

**Three more days passed before the dogs felt just how weak
they were.**

Kului vielä kolme päivää ennen kuin koirat tunsivat, kuinka
heikkoja ne olivat.

**On the fourth morning, two men from the States bought the
whole team.**

Neljäntenä aamuna kaksi miestä Yhdysvalloista ostivat koko
joukkueen.

The sale included all the dogs, plus their worn harness gear.

Myyntiin sisältyivät kaikki koirat sekä niiden kuluneet valjaat.

**The men called each other "Hal" and "Charles" as they
completed the deal.**

Miehet kutsuivat toisiaan "Haliksi" ja "Charlesiksi"
tehdessään kaupat.

**Charles was middle-aged, pale, with limp lips and fierce
mustache tips.**

Charles oli keski-ikäinen, kalpea, veltoilla huulilla ja
voimakkailla viiksenpäillä.

**Hal was a young man, maybe nineteen, wearing a cartridge-
stuffed belt.**

Hal oli nuori mies, ehkä yhdeksäntoista, ja hänellä oli
patruunoilla täytetty vyö.

**The belt held a big revolver and a hunting knife, both
unused.**

Vyöllä oli iso revolveri ja metsästysveitsi, molemmat
käyttämättömiä.

It showed how inexperienced and unfit he was for northern life.

Se osoitti, kuinka kokematon ja sopimaton hän oli pohjoiseen elämään.

Neither man belonged in the wild; their presence defied all reason.

Kumpikaan mies ei kuulunut luontoon; heidän läsnäolonsa uhmasi kaikkea järkeä.

Buck watched as money exchanged hands between buyer and agent.

Buck katseli, kuinka rahat vaihtoivat omistajaa ja välittäjää.

He knew the mail-train drivers were leaving his life like the rest.

Hän tiesi, että postijunankuljettajat olivat jättämässä hänen elämänsä kuten muutkin.

They followed Perrault and François, now gone beyond recall.

He seurasivat Perraultia ja Françoisia, jotka olivat nyt menettäneet asemansa.

Buck and the team were led to their new owners' sloppy camp.

Buck ja tiimi johdatettiin uusien omistajiensa huolimattomaan leiriin.

The tent sagged, dishes were dirty, and everything lay in disarray.

Teltta painui alas, astiat olivat likaisia ja kaikki oli epäjärjestyksessä.

Buck noticed a woman there too—Mercedes, Charles's wife and Hal's sister.

Buck huomasi siellä myös naisen – Mercedesin, Charlesin vaimon ja Halin sisaren.

They made a complete family, though far from suited to the trail.

He muodostivat täydellisen perheen, vaikkakaan eivät läheskään sopivia polulle.

Buck watched nervously as the trio started packing the supplies.

Buck katseli hermostuneesti, kun kolmikko alkoi pakata tarvikkeita.

They worked hard but without order—just fuss and wasted effort.

He työskentelivät ahkerasti, mutta ilman järjestystä – pelkkää hässäkkää ja hukkaan heitettyä vaivaa.

The tent was rolled into a bulky shape, far too large for the sled.

Teltta oli rullattu kömpelöksi, aivan liian suureksi reelle.

Dirty dishes were packed without being cleaned or dried at all.

Likaiset astiat pakattiin ilman pesua tai kuivausta.

Mercedes fluttered about, constantly talking, correcting, and meddling.

Mercedes lepatteli ympäriinsä, puhuen, korjaillen ja sekaantuen jatkuvasti asioihin.

When a sack was placed on front, she insisted it go on the back.

Kun säkki pantiin eteen, hän vaati sen menevän taakse.

She packed the sack in the bottom, and the next moment she needed it.

Hän pakkasi säkin pohjalle, ja seuraavassa hetkessä hän tarvitsi sitä.

So the sled was unpacked again to reach the one specific bag.

Niinpä reki purettiin uudelleen, jotta pääsisimme käsiksi yhteen tiettyyn laukkuun.

Nearby, three men stood outside a tent, watching the scene unfold.

Lähellä teltan ulkopuolella seisoi kolme miestä katselemassa tapahtumia.

They smiled, winked, and grinned at the newcomers' obvious confusion.

He hymyilivät, iskivät silmää ja virnistivät tulokkaiden ilmeiselle hämmennykselle.

"You've got a right heavy load already," said one of the men.

"Sinulla on jo melkoinen taakka", sanoi yksi miehistä.

"I don't think you should carry that tent, but it's your choice."

"En usko, että sinun pitäisi kantaa sitä telttaa, mutta se on sinun valintasi."

"Undreamed of!" cried Mercedes, throwing up her hands in despair.

"Olipa unelmoitu!" huudahti Mercedes ja heitti kätensä epätoivoisena ilmaan.

"How could I possibly travel without a tent to stay under?"

"Kuinka ihmeessä voisin matkustaa ilman telttaa, jonka alla yöpyä?"

"It's springtime — you won't see cold weather again," the man replied.

– On kevät, ette tule enää näkemään kylmää säätä, mies vastasi.

But she shook her head, and they kept piling items onto the sled.

Mutta hän pudisti päätään, ja he jatkoivat tavaroiden kasaamista rekeen.

The load towered dangerously high as they added the final things.

Kuorma kohosi vaarallisen korkealle, kun he lisäsivät viimeisiä tavaroita.

"Think the sled will ride?" asked one of the men with a skeptical look.

"Luuletko, että reki kulkee?" kysyi yksi miehistä epäilevästi.

"Why shouldn't it?" Charles snapped back with sharp annoyance.

"Miksipä ei?" Charles tiuskaisi terävän ärsyyntyneenä.

"Oh, that's all right," the man said quickly, backing away from offense.

– No, se on ihan okei, mies sanoi nopeasti ja perääntyi loukkaantumisesta.

"I was only wondering — it just looked a bit too top-heavy to me."

"Mietin vain – se näytti minusta vähän liian raskaalta."

Charles turned away and tied down the load as best as he could.

Charles kääntyi poispäin ja sitoi kuorman niin hyvin kuin pystyi.

But the lashings were loose and the packing poorly done overall.

Mutta sidokset olivat löysät ja pakkaus kaiken kaikkiaan huonosti tehty.

"Sure, the dogs will pull that all day," another man said sarcastically.

– Totta kai koirat vetävät sitä koko päivän, sanoi toinen mies sarkastisesti.

"Of course," Hal replied coldly, grabbing the sled's long gee-pole.

"Totta kai", Hal vastasi kylmästi ja tarttui kelkan pitkään ohjaustankoon.

With one hand on the pole, he swung the whip in the other.

Toisella kädellä seipään päällä hän heilutti ruoskaa toisella.

"Let's go!" he shouted. "Move it!" urging the dogs to start.

"Mennään!" hän huusi. "Liikkukaa!" ja kehotti koiria liikkeelle.

The dogs leaned into the harness and strained for a few moments.

Koirat nojasivat valjaisiin ja ponnistelivat hetken.

Then they stopped, unable to budge the overloaded sled an inch.

Sitten he pysähtyivät, kykenemättä liikauttamaan ylikuormitettua rekeä tuumaakaan.

"The lazy brutes!" Hal yelled, lifting the whip to strike them.

"Laiskarot!" Hal huusi ja nosti ruoskan lyödäkseen heitä.

But Mercedes rushed in and seized the whip from Hal's hands.

Mutta Mercedes ryntäsi sisään ja nappasi ruoskan Halin käsistä.

"Oh, Hal, don't you dare hurt them," she cried in alarm.

"Voi Hal, älä uskalla satuttaa heitä", hän huusi säikähtäneenä.

"Promise me you'll be kind to them, or I won't go another step."

"Lupaa olla heille kiltti, tai en astu askeltakaan enää."

"You don't know a thing about dogs," Hal snapped at his sister.

"Et tiedä koirista yhtään mitään", Hal tiuskaisi sisarelleen.

"They're lazy, and the only way to move them is to whip them."

"Ne ovat laiskoja, ja ainoa tapa liikuttaa niitä on ruoskia niitä."

"Ask anyone—ask one of those men over there if you doubt me."

"Kysy keneltä tahansa – kysy joltain noista miehistä tuolla, jos epäilet minua."

Mercedes looked at the onlookers with pleading, tearful eyes.

Mercedes katsoi katsojia anelevin, kyynelten täyttämin silmin.

Her face showed how deeply she hated the sight of any pain.

Hänen kasvoillaan näkyi, kuinka syvästi hän vihasi kaiken kivun näkemistä.

"They're weak, that's all," one man said. "They're worn out."

– He ovat heikkoja, siinä kaikki, sanoi eräs mies. – He ovat kuluneet loppuun.

"They need rest—they've been worked too long without a break."

"He tarvitsevat lepoa – heitä on työskennelty liian kauan tauotta."

"Rest be cursed," Hal muttered with his lip curled.

"Loput olkoot kirotut", Hal mutisi huuli rypistettynä.

Mercedes gasped, clearly pained by the coarse word from him.

Mercedes haukkoi henkeään, selvästi tuskallisena hänen karkeista sanoistaan.

Still, she stayed loyal and instantly defended her brother.

Silti hän pysyi uskollisena ja puolusti veljeään välittömästi.

"Don't mind that man," she said to Hal. "They're our dogs."

– Älä välitä tuosta miehestä, hän sanoi Halille. – Ne ovat
meidän koiria.
"You drive them as you see fit—do what you think is right."
"Aja niitä niin kuin parhaaksi näet – tee niin kuin itse näet
oikeaksi."
**Hal raised the whip and struck the dogs again without
mercy.**
Hal nosti ruoskan ja löi koiria uudelleen armotta.
**They lunged forward, bodies low, feet pushing into the
snow.**
He syöksyivät eteenpäin, vartalot matalana, jalat lumessa.
**All their strength went into the pull, but the sled wasn't
moving.**
Kaikki heidän voimansa meni vetämiseen, mutta reki ei
liikkunut.
**The sled stayed stuck, like an anchor frozen into the packed
snow.**
Kelkka pysyi jumissa kuin pakkautuneeseen lumeen jäätynyt
ankkuri.
After a second effort, the dogs stopped again, panting hard.
Toisen yrityksen jälkeen koirat pysähtyivät uudelleen
läähättäen kovasti.
**Hal raised the whip once more, just as Mercedes interfered
again.**
Hal nosti ruoskan jälleen kerran juuri kun Mercedes puuttui
asiaan.
**She dropped to her knees in front of Buck and hugged his
neck.**
Hän polvistui Buckin eteen ja halasi tämän kaulaa.
Tears filled her eyes as she pleaded with the exhausted dog.
Kyyneleet täyttivät hänen silmänsä, kun hän aneli uupunutta
koiraa.
**"You poor dears," she said, "why don't you just pull
harder?"**
– Te raukat, hän sanoi, – miksette vain vedä kovemmin?
"If you pull, then you won't get to be whipped like this."
"Jos vedät, et saa tällaista ruoskintaa."

Buck disliked Mercedes, but he was too tired to resist her now.

Buck ei pitänyt Mercedesistä, mutta hän oli liian väsynyt vastustaakseen häntä nyt.

He accepted her tears as just another part of the miserable day.

Hän hyväksyi naisen kyyneleet vain yhtenä osana kurjaa päivää.

One of the watching men finally spoke after holding back his anger.

Yksi miehistä puhui vihdoin pidäteltyään vihansa.

"I don't care what happens to you folks, but those dogs matter."

"Minua ei kiinnosta, mitä teille tapahtuu, mutta nuo koirat ovat tärkeitä."

"If you want to help, break that sled loose — it's frozen to the snow."

"Jos haluat auttaa, päästä kelkka irti – se on jäätynyt lumeen."

"Push hard on the gee-pole, right and left, and break the ice seal."

"Työnnä lujaa vipuvartta oikealle ja vasemmalle ja murra jäätiiviste."

A third attempt was made, this time following the man's suggestion.

Kolmas yritys tehtiin, tällä kertaa miehen ehdotuksesta.

Hal rocked the sled from side to side, breaking the runners loose.

Hal keinutti kelkkaa puolelta toiselle jalakset irtosivat.

The sled, though overloaded and awkward, finally lurched forward.

Vaikka reki oli ylikuormitettu ja kömpelö, se horjahti lopulta eteenpäin.

Buck and the others pulled wildly, driven by a storm of whiplashes.

Buck ja muut vetivät villisti, myrskyn lailla ajamina niskaan.

A hundred yards ahead, the trail curved and sloped into the street.

Sadan metrin päässä polku kaartui ja vietti kadulle.

It was going to have taken a skilled driver to keep the sled upright.

Reen pystyssä pitäminen olisi vaatinut taitavan kuljettajan.

Hal was not skilled, and the sled tipped as it swung around the bend.

Hal ei ollut taitava, ja kelkka kallistui kääntyessään mutkan ympäri.

Loose lashings gave way, and half the load spilled onto the snow.

Löysät sidontaköydet pettivät, ja puolet kuormasta valui lumelle.

The dogs did not stop; the lighter sled flew along on its side.

Koirat eivät pysähtyneet; kevyempi reki lensi kyljellään.

Angry from abuse and the heavy burden, the dogs ran faster.

Vihaisina kaltoinkohtelusta ja raskaasta taakasta koirat juoksivat nopeammin.

Buck, in fury, broke into a run, with the team following behind.

Raivostuneena Buck lähti juoksemaan, ja joukkue seurasi perässä.

Hal shouted "Whoa! Whoa!" but the team paid no attention to him.

Hal huusi "Vau! Vau!", mutta joukkue ei kiinnittänyt häneen huomiota.

He tripped, fell, and was dragged along the ground by the harness.

Hän kompastui, kaatui ja valjaat raahasivat häntä pitkin maata.

The overturned sled bumped over him as the dogs raced on ahead.

Kaatunut reki töyssyi hänen ylitseen koirien kiitäessä edellä.

The rest of the supplies scattered across Skaguay's busy street.

Loput tarvikkeet olivat hajallaan Skaguayn vilkkaan kadun varrella.

Kind-hearted people rushed to stop the dogs and gather the gear.

Hyväsydämiset ihmiset kiiruhtivat pysäyttämään koiria ja keräämään varusteet.

They also gave advice, blunt and practical, to the new travelers.

He antoivat myös uusille matkailijoille suoria ja käytännöllisiä neuvoja.

"If you want to reach Dawson, take half the load and double the dogs."

"Jos haluatte päästä Dawsoniin, ottakaa puolet kuormasta ja tuplasti koiria."

Hal, Charles, and Mercedes listened, though not with enthusiasm.

Hal, Charles ja Mercedes kuuntelivat, vaikkakaan eivät innokkaasti.

They pitched their tent and started sorting through their supplies.

He pystyttivät telttansa ja alkoivat lajitella tavaroitaan.

Out came canned goods, which made onlookers laugh aloud.

Ulos tuli säilykkeitä, jotka saivat katsojat nauramaan ääneen.

**"Canned stuff on the trail? You'll starve before that melts,"
one said.**

"Säilykettä polulla? Nälkä kuolee ennen kuin se sulaa", yksi
sanoi.

"Hotel blankets? You're better off throwing them all out."

"Hotellihuovat? Heitä ne kaikki pois, niin on parempi."

"Ditch the tent, too, and no one washes dishes here."

"Jätä telttakin pois, niin kukaan ei pese täällä astioita."

"You think you're riding a Pullman train with servants on board?"

"Luuletko matkustavasi Pullman-junassa, jossa on palvelijoita
kyydissä?"

The process began—every useless item was tossed to the side.

Prosessi alkoi – jokainen turha esine heitettiin sivuun.

Mercedes cried when her bags were emptied onto the snowy ground.

Mercedes itki, kun hänen laukut tyhjennettiin lumivalle maalle.

She sobbed over every item thrown out, one by one without pause.

Hän itki jokaista pois heitettyä esinettä, yksi kerrallaan tauotta.

She vowed not to go one more step — not even for ten Charleses.

Hän vannoi, ettei menisi askeltakaan enempää – ei edes kymmenen Charlesen takia.

She begged each person nearby to let her keep her precious things.

Hän pyysi jokaista lähellä olevaa henkilöä antamaan hänen pitää arvoesinensä.

At last, she wiped her eyes and began tossing even vital clothes.

Viimein hän pyyhki silmänsä ja alkoi heitellä pois jopa elintärkeitä vaatteita.

When done with her own, she began emptying the men's supplies.

Kun hän oli tyhjentänyt omansa, hän alkoi tyhjentää miesten tarvikkeita.

Like a whirlwind, she tore through Charles and Hal's belongings.

Kuin pyörretuuli hän repi Charlesin ja Halin tavaroita.

Though the load was halved, it was still far heavier than needed.

Vaikka kuorma puolittui, se oli silti paljon painavampi kuin olisi tarvinnut.

That night, Charles and Hal went out and bought six new dogs.

Sinä iltana Charles ja Hal menivät ulos ja ostivat kuusi uutta koiraa.

These new dogs joined the original six, plus Teek and Koona.

Nämä uudet koirat liittyivät alkuperäisten kuuden koiran joukkoon, sekä Teekin ja Koonan.

Together they made a team of fourteen dogs hitched to the sled.

Yhdessä he muodostivat neljäntoista koiran valjakon, jotka oli kytketty rekeen.

But the new dogs were unfit and poorly trained for sled work.

Mutta uudet koirat olivat sopimattomia ja huonosti koulutettuja rekityöhön.

Three of the dogs were short-haired pointers, and one was a Newfoundland.

Kolme koirista oli lyhytkarvaisia seisojia ja yksi oli newfoundlandinkoira.

The final two dogs were mutts of no clear breed or purpose at all.

Kaksi viimeistä koiraa olivat sekarotuisia, joilla ei ollut lainkaan selkeää rotua tai käyttötarkoitusta.

They didn't understand the trail, and they didn't learn it quickly.

He eivät ymmärtäneet polkua eivätkä oppineet sitä nopeasti.

Buck and his mates watched them with scorn and deep irritation.

Buck ja hänen toverinsa katselivat heitä halveksien ja syvän ärtymyksen vallassa.

Though Buck taught them what not to do, he could not teach duty.

Vaikka Buck opetti heille, mitä ei pidä tehdä, hän ei voinut opettaa heille velvollisuudentuntoa.

They didn't take well to trail life or the pull of reins and sleds.

Ne eivät pitäneet elämän perässä juoksemisesta eivätkä ohjasten ja rekien vedosta.

Only the mongrels tried to adapt, and even they lacked fighting spirit.

Vain sekarotuiset yrittivät sopeutua, ja jopa heiltä puuttui taistelutahtoa.

The other dogs were confused, weakened, and broken by their new life.

Muut koirat olivat hämmentyneitä, heikentyneitä ja murtuneita uudesta elämästään.

With the new dogs clueless and the old ones exhausted, hope was thin.

Uusien koirien ollessa tietämättömiä ja vanhojen uupuneita, toivo oli hiipumassa.

Buck's team had covered twenty-five hundred miles of harsh trail.

Buckin joukkue oli kulkenut kaksituhattatuhatta kilometriä karua polkua.

Still, the two men were cheerful and proud of their large dog team.

Silti kaksi miestä olivat iloisia ja ylpeitä suuresta koiravaljakostaan.

They thought they were traveling in style, with fourteen dogs hitched.

He luulivat matkustavansa tyylikkäästi neljäntoista koiran kanssa.

They had seen sleds leave for Dawson, and others arrive from it.

He olivat nähneet rekien lähtevän Dawsoniin ja toisten saapuvan sieltä.

But never had they seen one pulled by as many as fourteen dogs.

Mutta he eivät olleet koskaan nähneet sellaista, jota olisi vetänyt jopa neljätoista koiraa.

There was a reason such teams were rare in the Arctic wilderness.

Oli syynsä siihen, miksi tällaiset joukkueet olivat harvinaisia arktisella erämaalla.

No sled could carry enough food to feed fourteen dogs for the trip.

Yksikään reki ei voinut kuljettaa tarpeeksi ruokaa neljälletoista koiralle koko matkan ajaksi.

But Charles and Hal didn't know that—they had done the math.

Mutta Charles ja Hal eivät tienneet sitä – he olivat tehneet laskelmat.

They penciled out the food: so much per dog, so many days, done.

He lyijykynällä laativat ruoan: niin paljon koiraa kohden, niin monta päivää, tehty.

Mercedes looked at their figures and nodded as if it made sense.

Mercedes katsoi heidän lukujaan ja nyökkäsi ikään kuin ne olisivat olleet järkeenkäypiä.

It all seemed very simple to her, at least on paper.

Kaikki tuntui hänestä hyvin yksinkertaiselta, ainakin paperilla.

The next morning, Buck led the team slowly up the snowy street.

Seuraavana aamuna Buck johdatti joukkuetta hitaasti lumista katua pitkin.

There was no energy or spirit in him or the dogs behind him.

Hänessä eikä hänen takanaan olevissa koirissa ollut energiaa tai henkeä.

They were dead tired from the start—there was no reserve left.

He olivat alusta asti kuoliaaksi väsyneitä – ei ollut enää yhtään varaa jäljellä.

Buck had made four trips between Salt Water and Dawson already.

Buck oli jo tehnyt neljä matkaa Salt Waterin ja Dawsonin välillä.

Now, faced with the same trail again, he felt nothing but bitterness.

Nyt, samaa polkua jälleen kohti katsoen, hän ei tuntenut muuta kuin katkeruutta.

His heart was not in it, nor were the hearts of the other dogs.

Hänen sydämensä ei ollut siinä mukana, eivätkä muidenkaan koirien sydämet.

The new dogs were timid, and the huskies lacked all trust.

Uudet koirat olivat arkoja, ja huskyiltä puuttui kaikki luottamus.

Buck sensed he could not rely on these two men or their sister.

Buck tunsi, ettei hän voinut luottaa näihin kahteen mieheen tai heidän sisareensa.

They knew nothing and showed no signs of learning on the trail.

He eivät tienneet mitään eivätkä osoittaneet oppimisen merkkejä matkalla.

They were disorganized and lacked any sense of discipline.

He olivat epäjärjestyksessä ja heiltä puuttui kaikenlainen kurinalaisuus.

It took them half the night to set up a sloppy camp each time.

Heillä kesti puoli yötä pystyttää huolimaton leiri joka kerta.

And half the next morning they spent fumbling with the sled again.

Ja puolet seuraavasta aamusta he viettivät taas näprähtelyä reen kanssa.

By noon, they often stopped just to fix the uneven load.

Keskipäivään mennessä he usein pysähtyivät vain korjatakseen epätasaisen kuorman.

On some days, they traveled less than ten miles in total.

Joinakin päivinä he matkustivat yhteensä alle kymmenen mailia.

Other days, they didn't manage to leave camp at all.

Muina päivinä he eivät päässeet ollenkaan pois leiristä.

They never came close to covering the planned food-distance.

He eivät koskaan päässeet lähellekään suunniteltua ruokamatkaa.

As expected, they ran short on food for the dogs very quickly.

Kuten odotettua, koirien ruoka loppui nopeasti.

They made matters worse by overfeeding in the early days.

He pahensivat asioita yliruokimalla alkuaikoina.

This brought starvation closer with every careless ration.

Tämä lähensi nälänhätää jokaisen huolimattoman annoksen myötä.

The new dogs had not learned to survive on very little.

Uudet koirat eivät olleet oppineet selviytymään aivan vähällä.

They ate hungrily, with appetites too large for the trail.

He söivät nälkäisinä, ruokahalunsa liian suurena polulle.

Seeing the dogs weaken, Hal believed the food wasn't enough.

Nähdessään koirien heikkenevän Hal uskoi, ettei ruoka riittänyt.

He doubled the rations, making the mistake even worse.

Hän kaksinkertaisti ruoka-annokset, mikä pahensi virhettä entisestään.

Mercedes added to the problem with tears and soft pleading.

Mercedes pahensi ongelmaa kyyneleillään ja hiljaisilla aneluillaan.

When she couldn't convince Hal, she fed the dogs in secret.

Kun hän ei saanut Halia vakuutettua, hän ruokki koiria salaa.

She stole from the fish sacks and gave it to them behind his back.

Hän varasti kalasäkeistä ja antoi ne heille miehen selän takana.

But what the dogs truly needed wasn't more food—it was rest.

Mutta koirat eivät todellakaan tarvinneet lisää ruokaa – ne tarvitsivat lepoa.

They were making poor time, but the heavy sled still dragged on.

Heillä oli heikkoa aikaa, mutta raskas reki veti silti eteenpäin.

That weight alone drained their remaining strength each day.

Jo tuo paino kulutti heidän jäljellä olevat voimansa joka päivä.

Then came the stage of underfeeding as the supplies ran low.

Sitten tuli aliravitsemusvaihe, kun tarvikkeet olivat vähissä.

Hal realized one morning that half the dog food was already gone.

Eräänä aamuna Hal huomasi, että puolet koiranruoasta oli jo loppu.

They had only traveled a quarter of the total trail distance.

He olivat kulkeneet vain neljänneksen koko matkasta.

No more food could be bought, no matter what price was offered.

Ruokaa ei voinut enää ostaa, oli hinta mikä tahansa.

He reduced the dogs' portions below the standard daily ration.

Hän pienensi koirien annoksia alle päivittäisen normaalin annoksen.

At the same time, he demanded longer travel to make up for loss.

Samalla hän vaati pidempiä matkoja korvatakseen tappiot.

Mercedes and Charles supported this plan, but failed in execution.

Mercedes ja Charles tukivat tätä suunnitelmaa, mutta epäonnistuivat toteutuksessa.

Their heavy sled and lack of skill made progress nearly impossible.

Heidän raskas rekensä ja taitomattomuudensa tekivät etenemisen lähes mahdottomaksi.

It was easy to give less food, but impossible to force more effort.

Oli helppo antaa vähemmän ruokaa, mutta mahdotonta pakottaa ponnistelemaan enemmän.

They couldn't start early, nor could they travel for extra hours.

He eivät voineet aloittaa aikaisin eivätkä matkustaa ylitöitä.

They didn't know how to work the dogs, nor themselves, for that matter.

He eivät osanneet käyttää koiria, eivätkä oikeastaan itseäänkään.

The first dog to die was Dub, the unlucky but hardworking thief.

Ensimmäinen kuollut koira oli Dub, epäonninen mutta ahkera varas.

Though often punished, Dub had pulled his weight without complaint.

Vaikka Dubia rangaistiin usein, hän oli kantanut puolensa valittamatta.

His injured shoulder grew worse without care or needed rest.

Hänen loukkaantunut olkapäänsä paheni ilman hoitoa tai lepoa.

Finally, Hal used the revolver to end Dub's suffering.

Lopulta Hal käytti revolveria lopettaakseen Dubin kärsimykset.

A common saying claimed that normal dogs die on husky rations.

Yleinen sanonta väitti, että normaalit koirat kuolevat huskyjen rehulla.

Buck's six new companions had only half the husky's share of food.

Buckin kuudella uudella toverilla oli vain puolet huskyn annoksesta ruokaa.

The Newfoundland died first, then the three short-haired pointers.

Newfoundlandinkoira kuoli ensin, sitten kolme lyhytkarvaista seisojaa.

The two mongrels held on longer but finally perished like the rest.

Kaksi sekarotuista pysyivät pystyssä kauemmin, mutta lopulta he menehtyivät kuten muutkin.

By this time, all the amenities and gentleness of the Southland were gone.

Tähän mennessä kaikki Etelän mukavuudet ja lempeys olivat kadonneet.

The three people had shed the last traces of their civilized upbringing.

Kolme ihmistä olivat karistaneet viimeisetkin sivistyneen kasvatuksensa jäljet.

Stripped of glamour and romance, Arctic travel became brutally real.

Riisuttuina loistosta ja romantiikasta arktisesta matkailusta tuli brutaalin todellista.

It was a reality too harsh for their sense of manhood and womanhood.

Se oli todellisuus, joka oli liian karu heidän mieheyden ja naiseuden käsityksilleen.

Mercedes no longer wept for the dogs, but now wept only for herself.

Mercedes ei enää itkenyt koiria, vaan nyt vain itseään.

She spent her time crying and quarreling with Hal and Charles.

Hän vietti aikansa itkien ja riidellen Halin ja Charlesin kanssa.

Quarreling was the one thing they were never too tired to do.

Riitely oli ainoa asia, johon he eivät koskaan olleet liian väsyneitä.

Their irritability came from misery, grew with it, and surpassed it.

Heidän ärtymys johtui kurjuudesta, kasvoi sen mukana ja ylitti sen.

The patience of the trail, known to those who toil and suffer kindly, never came.

Polun kärsivällisyys, jonka tuntevat ne, jotka uurastaa ja kärsivät ystävällisesti, ei koskaan tullut.

That patience, which keeps speech sweet through pain, was unknown to them.

Tuo kärsivällisyys, joka pitää puheen makeana tuskan läpi, oli heille tuntematonta.

They had no hint of patience, no strength drawn from suffering with grace.

Heillä ei ollut häiväääkään kärsivällisyydestä, ei voimaa, joka ammentuisi kärsimyksestä armossa.

They were stiff with pain—aching in their muscles, bones, and hearts.

He olivat jäykkiä tuskasta – heidän lihaksiaan, luitaan ja sydäntään särki.

Because of this, they grew sharp of tongue and quick with harsh words.

Tämän vuoksi heidän kielellään oli teräviä ja he olivat nopeita lausumaan ankaria sanoja.

Each day began and ended with angry voices and bitter complaints.

Jokainen päivä alkoi ja päättyi vihaisiin ääniin ja katkeriin valituksiin.

Charles and Hal wrangled whenever Mercedes gave them a chance.

Charles ja Hal riitelivät aina kun Mercedes antoi heille mahdollisuuden.

Each man believed he did more than his fair share of the work.

Jokainen mies uskoi tehneensä enemmän kuin oman osuutensa työstä kuului.

Neither ever missed a chance to say so, again and again.

Kumpikaan ei koskaan jättänyt käyttämättä tilaisuutta sanoa sitä yhä uudelleen ja uudelleen.

Sometimes Mercedes sided with Charles, sometimes with Hal.

Joskus Mercedes oli Charlesin, joskus Halin puolella.

This led to a grand and endless quarrel among the three.

Tämä johti suureen ja loputtomaan riitaan kolmikon kesken.

A dispute over who should chop firewood grew out of control.

Kiista siitä, kuka saisi pilkkoa polttopuut, riistäytyi käsistä.

Soon, fathers, mothers, cousins, and dead relatives were named.

Pian isien, äitien, serkkujen ja kuolleiden sukulaisten nimet mainittiin.

Hal's views on art or his uncle's plays became part of the fight.

Halin näkemykset taiteesta tai setänsä näytelmistä nousivat osaksi taistelua.

Charles's political beliefs also entered the debate.

Myös Charlesin poliittiset näkemykset nousivat keskusteluun.

To Mercedes, even her husband's sister's gossip seemed relevant.

Mercedesille jopa hänen miehensä sisaren juorut tuntuivat merkityksellisiltä.

She aired opinions on that and on many of Charles's family's flaws.

Hän ilmaisi mielipiteitään siitä ja monista Charlesin perheen puutteista.

While they argued, the fire stayed unlit and camp half set.

Heidän väitellessään nuotio pysyi sammuneena ja leiri puolivalmiina.

Meanwhile, the dogs remained cold and without any food.

Samaan aikaan koirat pysyivät kylmissä ja ilman ruokaa.

Mercedes held a grievance she considered deeply personal.

Mercedesillä oli valituksen aihe, jota hän piti syvästi henkilökohtaisena.

She felt mistreated as a woman, denied her gentle privileges.

Hän tunsi itsensä kohdelluksi kaltoin naisena, häneltä evättiin hänen lempeät etuoikeutensa.

She was pretty and soft, and used to chivalry all her life.

Hän oli kaunis ja pehmeä ja tottunut ritarillisuuteen koko elämänsä ajan.

But her husband and brother now treated her with impatience.

Mutta hänen miehensä ja veljensä kohtelivat häntä nyt kärsimättömästi.

Her habit was to act helpless, and they began to complain.

Hänellä oli tapana käyttäytyä avuttomasti, ja he alkoivat valittaa.

Offended by this, she made their lives all the more difficult.

Tästä loukkaantuneena hän teki heidän elämästään entistä vaikeampaa.

She ignored the dogs and insisted on riding the sled herself.

Hän jätti koirat huomiotta ja halusi ehdottomasti itse ajaa reellä.

Though light in looks, she weighed one hundred twenty pounds.

Vaikka hän oli ulkonäöltään kevyt, hän painoi sata kaksikymmentä kiloa.

That added burden was too much for the starving, weak dogs.

Tuo lisätaakka oli liikaa nälkäisille, heikoille koirille.

Still, she rode for days, until the dogs collapsed in the reins.

Silti hän ratsasti päiväkausia, kunnes koirat pettivät ohjat.

The sled stood still, and Charles and Hal begged her to walk.

Reki seisoi paikallaan, ja Charles ja Hal pyysivät häntä kävelemään.

They pleaded and entreated, but she wept and called them cruel.

He pyysivät ja hartaasti hartaasti, mutta hän itki ja haukkui heitä julmiksi.

On one occasion, they pulled her off the sled with sheer force and anger.

Kerran he vetivät hänet pois kelkasta pelkällä voimalla ja vihalla.

They never tried again after what happened that time.

He eivät koskaan yrittäneet uudelleen tuon tapahtuman jälkeen.

She went limp like a spoiled child and sat in the snow.

Hän veltostui kuin hemmoteltu lapsi ja istui lumeen.

They moved on, but she refused to rise or follow behind.

He jatkoivat matkaa, mutta hän kieltäytyi nousemasta tai seuraamasta perässä.

After three miles, they stopped, returned, and carried her back.

Kolmen mailin jälkeen he pysähtyivät, palasivat ja kantoivat hänet takaisin.

They reloaded her onto the sled, again using brute strength.

He lastasivat hänet uudelleen kelkkaan, jälleen raakaa voimaa käyttäen.

In their deep misery, they were callous to the dogs' suffering.

Syvässä kurjuudessaan he olivat välinpitämättömiä koirien kärsimystä kohtaan.

Hal believed one must get hardened and forced that belief on others.

Hal uskoi, että ihmisen täytyy paaduttaa itseään, ja pakotti tämän uskomuksen muille.

He first tried to preach his philosophy to his sister

Hän yritti ensin saarnata filosofiaansa sisarelleen

and then, without success, he preached to his brother-in-law.

ja sitten hän saarnasi tuloksetta lankolleen.

He had more success with the dogs, but only because he hurt them.

Hän onnistui paremmin koirien kanssa, mutta vain siksi, että hän satutti niitä.

At Five Fingers, the dog food ran out of food completely.

Five Fingersissä koiranruoka loppui kokonaan.

A toothless old squaw sold a few pounds of frozen horse-hide

Hampaaton vanha squaw myi muutaman kilon pakastettua hevosennahkaa

Hal traded his revolver for the dried horse-hide.

Hal vaihtoi revolverinsa kuivattuun hevosennahkaan.

The meat had come from starved horses of cattlemen months before.

Liha oli peräisin nälkäisistä karjankasvattajien hevosista kuukausia aiemmin.

Frozen, the hide was like galvanized iron; tough and inedible.

Jäätynyt nahka oli kuin galvanoitua rautaa; sitkeää ja syötäväksi kelpaamatonta.

The dogs had to chew endlessly at the hide to eat it.

Koirien täytyi pureskella nahkaa loputtomasti saadakseen sen syötyä.

But the leathery strings and short hair were hardly nourishment.

Mutta nahkaiset nauhat ja lyhyet hiukset eivät juurikaan ravinnoksi kelvanneet.

Most of the hide was irritating, and not food in any true sense.

Suurin osa nahasta oli ärsyttävää, eikä varsinaista ruokaa.

And through it all, Buck staggered at the front, like in a nightmare.

Ja kaiken tämän ajan Buck horjahti eturintamassa kuin painajaisessa.

He pulled when able; when not, he lay until whip or club raised him.

Hän veti kun pystyi; kun ei pystynyt, hän makasi, kunnes ruoska tai keppi nosti hänet.

His fine, glossy coat had lost all stiffness and sheen it once had.

Sen hieno, kiiltävä turkki oli menettänyt kaiken entisen jäykkyyden ja kiillon.

His hair hung limp, draggled, and clotted with dried blood from the blows.

Hänen hiuksensa roikkuivat veltoina, takkuisina ja iskujen kuivuneesta verestä hyytyneinä.

His muscles shrank to cords, and his flesh pads were all worn away.

Hänen lihaksensa kutistuivat naruiksi ja hänen ihonaluspehmusteensa olivat kuluneet pois.

Each rib, each bone showed clearly through folds of wrinkled skin.

Jokainen kylkiluu, jokainen luu näkyi selvästi ryppyisten ihopoimujen välistä.

It was heartbreaking, yet Buck's heart could not break.

Se oli sydäntäsärkevää, mutta Buckin sydän ei voinut särkyä.

The man in the red sweater had tested that and proved it long ago.

Punainen villapaitainen mies oli testannut ja todistanut sen jo kauan sitten.

As it was with Buck, so it was with all his remaining teammates.

Kuten Buckin laita, niin oli kaikkien hänen jäljellä olevien joukkuetovereidensa laita.

There were seven in total, each one a walking skeleton of misery.

Niitä oli yhteensä seitsemän, jokainen kävelevä kurjuuden luuranko.

They had grown numb to lash, feeling only distant pain.

He olivat turtuneet ruoskimiselle, tuntien vain kaukaista kipua.

Even sight and sound reached them faintly, as through a thick fog.

Jopa näky ja ääni kantautuivat heille heikosti, kuin sakean sumun läpi.

They were not half alive—they were bones with dim sparks inside.

He eivät olleet puoliksikaan elossa – he olivat luita, joiden sisällä välkkyi himmeä kipinä.

When stopped, they collapsed like corpses, their sparks almost gone.

Pysähtyneinä ne romahtivat kuin ruumiit, kipinät melkein sammuneina.

And when the whip or club struck again, the sparks fluttered weakly.

Ja kun ruoska tai keppi iski uudelleen, kipinät lepattivat heikosti.

Then they rose, staggered forward, and dragged their limbs ahead.

Sitten he nousivat, horjahtivat eteenpäin ja raahasivat raajojaan eteenpäin.

One day kind Billee fell and could no longer rise at all.

Eräänä päivänä kiltti Billee kaatui eikä pystynyt enää ollenkaan nousemaan.

Hal had traded his revolver, so he used an axe to kill Billee instead.

Hal oli vaihtanut revolverinsa, joten hän käytti kirvestä tappaakseen Billeen.

He struck him on the head, then cut his body free and dragged it away.

Hän löi tätä päähän, sitten viilsi ruumiin irti ja raahasi sen pois.

Buck saw this, and so did the others; they knew death was near.

Buck näki tämän, ja niin näkivät muutkin; he tiesivät kuoleman olevan lähellä.

Next day Koona went, leaving just five dogs in the starving team.

Seuraavana päivänä Koona lähti jättäen nälkäiseen joukkueeseen jäljelle vain viisi koiraa.

Joe, no longer mean, was too far gone to be aware of much at all.

Joe, joka ei enää ollut ilkeä, oli liian pitkälle eksynyt ollakseen juurikaan tietoinen mistään.

Pike, no longer faking his injury, was barely conscious.

Pike, joka ei enää teeskennellyt vammaansa, oli tuskin tajuissaan.

Solleks, still faithful, mourned he had no strength to give.

Yhä uskollinen Solleks suri, ettei hänellä ollut voimia antaa.

Teek was beaten most because he was fresher, but fading fast.

Teek hävisi eniten, koska hän oli virkeämpi, mutta hiipumassa nopeasti.

And Buck, still in the lead, no longer kept order or enforced it.

Ja Buck, yhä johdossa, ei enää pitänyt yllä järjestystä eikä valvonut sitä.

Half blind with weakness, Buck followed the trail by feel alone.

Puolisokeana heikkoudesta, Buck seurasi polkua yksin tunnolla.

It was beautiful spring weather, but none of them noticed it.

Oli kaunis kevätsää, mutta kukaan heistä ei huomannut sitä.

Each day the sun rose earlier and set later than before.

Joka päivä aurinko nousi aikaisemmin ja laski myöhemmin kuin ennen.

By three in the morning, dawn had come; twilight lasted till nine.

Kolmelta aamulla oli jo aamunkoitto; hämärä kesti yhdeksään asti.

The long days were filled with the full blaze of spring sunshine.

Pitkät päivät olivat täynnä kevään auringonpaistetta.

The ghostly silence of winter had changed into a warm murmur.

Talven aavemainen hiljaisuus oli muuttunut lämpimäksi huminaksi.

All the land was waking, alive with the joy of living things.

Koko maa heräsi eloon, täynnä elävien olentojen iloa.

The sound came from what had lain dead and still through winter.

Ääni tuli jostakin, mikä oli maannut kuolleena ja liikkumattomana läpi talven.

Now, those things moved again, shaking off the long frost sleep.

Nyt nuo asiat liikkuivat taas, ravistellen pois pitkän pakkasunen.

Sap was rising through the dark trunks of the waiting pine trees.

Mahla nousi odottavien mäntyjen tummien runkojen välistä.

Willows and aspens burst out bright young buds on each twig.

Pajut ja haavat puhkaisevat kirkkaan nuoria silmuja jokaiseen oksaan.

Shrubs and vines put on fresh green as the woods came alive.

Pensaat ja köynnökset saivat raikkaan vihreän väriloiston metsän herätessä eloon.

Crickets chirped at night, and bugs crawled in daylight sun.

Sirkat sirittivät yöllä ja ötökät ryömivät päivänvalossa auringossa.

Partridges boomed, and woodpeckers knocked deep in the trees.

Peltopyyt jyrisivät ja tikat koputtivat syvällä puissa.

Squirrels chattered, birds sang, and geese honked over the dogs.

Oravat lörpöttelivät, linnut lauloivat ja hanhet torivat koirien yli.

The wild-fowl came in sharp wedges, flying up from the south.

Villilinnut tulivat terävinä parvina lentäen etelästä.

From every hillside came the music of hidden, rushing streams.

Jokaiselta rinteeltä kuului piilossa olevien, kohisevien purojen musiikkia.

All things thawed and snapped, bent and burst back into motion.

Kaikki suli ja napsahti, taipui ja lähti taas liikkeelle.

The Yukon strained to break the cold chains of frozen ice.

Yukon ponnisteli murtaakseen jäätyneen jään kylmät ketjut.

The ice melted underneath, while the sun melted it from above.

Jää suli alta, kun aurinko sulatti sen ylhäältä.

Air-holes opened, cracks spread, and chunks fell into the river.

Ilmareikiä avautui, halkeamat levisivät ja lohkareet putosivat jokeen.

Amid all this bursting and blazing life, the travelers staggered.

Kaiken tämän purkautuvan ja roihuavan elämän keskellä matkalaiset horjahtivat.

Two men, a woman, and a pack of huskies walked like the dead.

Kaksi miestä, nainen ja lauma huskyja kävelivät kuin kuolleet.

The dogs were falling, Mercedes wept, but still rode the sled.

Koirat kaatuivat, Mercedes itki, mutta ajoi silti reellä.

Hal cursed weakly, and Charles blinked through watering eyes.

Hal kirosi heikosti, ja Charles räpytteli silmiään vetisten.

They stumbled into John Thornton's camp by White River's mouth.

He kompuroivat John Thorntonin leiriin White Riverin suulla.

When they stopped, the dogs dropped flat, as if all struck dead.

Kun ne pysähtyivät, koirat lysähtivät maahan, ikään kuin ne olisivat kaikki kuolleet.

Mercedes wiped her tears and looked across at John Thornton.

Mercedes pyyhki kyyneleensä ja katsoi John Thorntonia.

Charles sat on a log, slowly and stiffly, aching from the trail.

Charles istui tukin päällä hitaasti ja jäykästi, polun aiheuttamien kipujen kourissa.

Hal did the talking as Thornton carved the end of an axe-handle.

Hal puhui Thorntonin veistäessä kirveenvarren päätä.

He whittled birch wood and answered with brief, firm replies.

Hän veisteli koivupuuta ja vastasi lyhyin, mutta päättäväisin vastauksin.

When asked, he gave advice, certain it wasn't going to be followed.

Kun häneltä kysyttiin, hän antoi neuvon, varmana siitä, ettei sitä noudatettaisiin.

Hal explained, "They told us the trail ice was dropping out."

Hal selitti: "He kertoivat meille, että jääpeite oli sulamassa pois."

"They said we should stay put—but we made it to White River."

"He sanoivat, että meidän pitäisi pysyä paikoillamme – mutta pääsimme White Riveriin."

He ended with a sneering tone, as if to claim victory in hardship.

Hän lopetti puheensa ivallisesti, ikään kuin julistaakseen voiton vaikeuksissa.

"And they told you true," John Thornton answered Hal quietly.

– Ja he puhuivat sinulle totta, John Thornton vastasi Halille hiljaa.

"The ice may give way at any moment—it's ready to drop out."

"Jää voi antaa periksi minä hetkenä hyvänsä – se on valmis putoamaan pois."

"Only blind luck and fools could have made it this far alive."

"Vain sokea onni ja hölmöt olisivat voineet selvitä näin pitkälle hengissä."

"I tell you straight, I wouldn't risk my life for all Alaska's gold."

"Sanon teille suoraan, en vaarantaisi henkeäni koko Alaskan kullasta."

"That's because you're not a fool, I suppose," Hal answered.

– Se johtuu kai siitä, ettet ole hölmö, Hal vastasi.

"All the same, we'll go on to Dawson." He uncoiled his whip.

"Siitä huolimatta menemme Dawsoniin." Hän avasi ruoskansa.

"Get up there, Buck! Hi! Get up! Go on!" he shouted harshly.

"Nouse ylös, Buck! Hei! Nouse ylös! Mene!" hän huusi käheästi.

Thornton kept whittling, knowing fools won't hear reason.

Thornton jatkoi vehrelyä tietäen, etteivät hölmöt kuuntele järkeä.

To stop a fool was futile—and two or three fooled changed nothing.

Typeryksen pysäyttäminen oli turhaa – ja kaksi tai kolme typerystä eivät muuttaneet mitään.

But the team didn't move at the sound of Hal's command.

Mutta joukkue ei liikkunut Halin käskystä.

By now, only blows could make them rise and pull forward.

Nyt vain iskut saivat heidät nousemaan ja vetämään eteenpäin.

The whip snapped again and again across the weakened dogs.

Ruoska napsahti yhä uudelleen heikentyneiden koirien yli.

John Thornton pressed his lips tightly and watched in silence.

John Thornton puristi huulensa tiukasti ja katseli hiljaa.

Solleks was the first to crawl to his feet under the lash.

Solleks ryömi ensimmäisenä jaloilleen ruoskan alla.

Then Teek followed, trembling. Joe yelped as he stumbled up.

Sitten Teek seurasi vapisten perässä. Joe kiljaisi kompastelun jälkeen.

Pike tried to rise, failed twice, then finally stood unsteadily.

Pike yritti nousta ylös, epäonnistui kahdesti ja seisoi sitten lopulta horjuen.

But Buck lay where he had fallen, not moving at all this time.

Mutta Buck makasi siinä, mihin oli kaatunut, eikä liikkunut lainkaan tällä kertaa.

The whip slashed him over and over, but he made no sound.

Ruoska viilsi häntä yhä uudelleen ja uudelleen, mutta hän ei päästänyt ääntäkään.

He did not flinch or resist, simply remained still and quiet.

Hän ei värähtänyt eikä vastustellut, vaan pysyi hiljaa ja liikkumatta.

Thornton stirred more than once, as if to speak, but didn't.

Thornton liikahti useammin kuin kerran, ikään kuin puhuakseen, mutta ei tehnyt niin.

His eyes grew wet, and still the whip cracked against Buck.

Hänen silmänsä kostuivat, ja ruoska paukahti yhä Buckia vasten.

At last, Thornton began pacing slowly, unsure of what to do.

Viimein Thornton alkoi kävellä hitaasti edestakaisin, epävarmana siitä, mitä tehdä.

It was the first time Buck had failed, and Hal grew furious.

Se oli ensimmäinen kerta, kun Buck oli epäonnistunut, ja Hal raivostui.

He threw down the whip and picked up the heavy club instead.

Hän heitti ruoskan alas ja poimi sen sijaan raskaan pampun.

The wooden club came down hard, but Buck still did not rise to move.

Puinen nuija putosi kovaa, mutta Buck ei vieläkään noussut liikkuakseen.

Like his teammates, he was too weak—but more than that.

Kuten joukkuetoverinsa, hän oli liian heikko – mutta enemmänkin kuin vain.

Buck had decided not to move, no matter what came next.

Buck oli päättänyt olla liikkumatta, tapahtuipa seuraavaksi mitä tahansa.

He felt something dark and certain hovering just ahead.

Hän tunsi edessään jonkin synkän ja varman leijuvan.

That dread had seized him as soon as he reached the riverbank.

Tuo kauhu valtasi hänet heti joen rannalle päästyään.

The feeling had not left him since he felt the ice thin under his paws.

Tunne ei ollut lähtenyt hänestä siitä lähtien, kun hän oli tuntenut jään ohuena tassujensa alla.

Something terrible was waiting—he felt it just down the trail.

Jotain kamalaa odotti – hän tunsi sen aivan polun varrella.

He wasn't going to walk towards that terrible thing ahead

Hän ei aikonut kävellä kohti sitä kauheaa asiaa edessään

He was not going to obey any command that took him to that thing.

Hän ei aikonut totella mitään käskyä, joka veisi hänet tuon luo.

The pain of the blows hardly touched him now—he was too far gone.

Iskujen kipu tuskin kosketti häntä enää – hän oli liian kaukana.

The spark of life flickered low, dimmed beneath each cruel strike.

Elämän kipinä lepatti himmeästi, himmeni jokaisen julman iskun alla.

His limbs felt distant; his whole body seemed to belong to another.

Hänen raajansa tuntuivat etäisiltä; koko hänen kehonsa näytti kuuluvan toiselle.

He felt a strange numbness as the pain faded out completely.

Hän tunsi oudon tunnottomuuden kivun hävitessä kokonaan.

From far away, he sensed he was being beaten, but barely knew.

Kaukaa hän aisti joutuvansa lyödyksi, mutta tuskin tiesi sitä.

He could hear the thuds faintly, but they no longer truly hurt.

Hän kuuli tömähdykset heikosti, mutta ne eivät enää oikeasti satuttaneet.

The blows landed, but his body no longer seemed like his own.

Iskut osuivat, mutta hänen ruumiinsa ei enää tuntunut omalta.

Then suddenly, without warning, John Thornton gave a wild cry.

Sitten yhtäkkiä, ilman varoitusta, John Thornton päästi villin huudon.

It was inarticulate, more the cry of a beast than of a man.

Se oli epäselvää, enemmän eläimen kuin ihmisen huutoa.

He leapt at the man with the club and knocked Hal backward.

Hän hyppäsi pamppumiehen kimppuun ja löi Halin taaksepäin.

Hal flew as if struck by a tree, landing hard upon the ground.

Hal lensi kuin puu olisi iskenyt häneen ja laskeutui kovaa maahan.

Mercedes screamed aloud in panic and clutched at her face.

Mercedes huusi paniikissa ääneen ja tarttui kasvoihinsa.

Charles only looked on, wiped his eyes, and stayed seated.

Charles vain katseli, pyyhki silmiään ja jäi istumaan.

His body was too stiff with pain to rise or help in the fight.

Hänen ruumiinsa oli kivusta liian jäykkä noustakseen ylös tai auttaakseen taistelussa.

Thornton stood over Buck, trembling with fury, unable to speak.

Thornton seisoi Buckin yllä, raivosta vapisten, kykenemättä puhumaan.

He shook with rage and fought to find his voice through it.

Hän tärisi raivosta ja yritti löytää äänensä sen läpi.

"If you strike that dog again, I'll kill you," he finally said.

"Jos lyöt koiraa uudelleen, tapan sinut", hän sanoi lopulta.

Hal wiped blood from his mouth and came forward again.

Hal pyyhki veren suustaan ja astui taas eteenpäin.

"It's my dog," he muttered. "Get out of the way, or I'll fix you."

– Se on minun koirani, hän mutisi. – Pois tieltä, tai korjaan sinut.

"I'm going to Dawson, and you're not stopping me," he added.

"Minä menen Dawsoniin, etkä sinä estä minua", hän lisäsi.

Thornton stood firm between Buck and the angry young man.

Thornton seisoi lujasti Buckin ja vihaisen nuoren miehen välissä.

He had no intention of stepping aside or letting Hal pass.

Hänellä ei ollut aikomustakaan astua sivuun tai päästää Halia menemään.

Hal pulled out his hunting knife, long and dangerous in hand.

Hal veti esiin metsästysveitsensä, pitkän ja vaarallisen kädessään.

Mercedes screamed, then cried, then laughed in wild hysteria.

Mercedes kirkaisi, sitten itki ja sitten nauroi villisti hysteriassa.

Thornton struck Hal's hand with his axe-handle, hard and fast.

Thornton iski Halin kättä kirveenvarrella lujaa ja nopeasti.

The knife was knocked loose from Hal's grip and flew to the ground.

Veitsi irtosi Halin otteesta ja lensi maahan.

Hal tried to pick the knife up, and Thornton rapped his knuckles again.

Hal yritti nostaa veistä, ja Thornton löi rystysiään uudelleen.

Then Thornton stooped down, grabbed the knife, and held it.

Sitten Thornton kumartui, otti veitsen ja piteli sitä.

With two quick chops of the axe-handle, he cut Buck's reins.

Kahdella nopealla kirveenvarren iskulla hän katkaisi Buckin ohjat.

Hal had no fight left in him and stepped back from the dog.

Halilla ei ollut enää taistelutahtoa jäljellä ja hän astui taaksepäin koiran luota.

Besides, Mercedes needed both arms now to keep her upright.

Sitä paitsi Mercedes tarvitsi nyt molemmat käsivartensa pysyäkseen pystyssä.

Buck was too near death to be of use for pulling a sled again.

Buck oli liian lähellä kuolemaa ollakseen enää hyödyllinen reen vetämiseen.

A few minutes later, they pulled out, heading down the river.

Muutaman minuutin kuluttua he lähtivät liikkeelle ja suuntasivat jokea pitkin alas.

Buck raised his head weakly and watched them leave the bank.

Buck nosti heikosti päätään ja katseli heidän poistuvan pankista.

Pike led the team, with Solleks at the rear in the wheel spot.

Pike johti joukkuetta, Solleksin ollessa takana ratin takana.

Joe and Teek walked between, both limping with exhaustion.

Joe ja Teek kävelivät välissä, molemmat ontuen
uupumuksesta.
Mercedes sat on the sled, and Hal gripped the long gee-pole.
Mercedes istui kelkassa ja Hal tarttui pitkään ohjaustankoon.
Charles stumbled behind, his steps clumsy and uncertain.
Charles kompuroi taakse, hänen askeleensa kömpelöt ja
epävarmat.
Thornton knelt by Buck and gently felt for broken bones.
Thornton polvistui Buckin viereen ja tunnusteli varovasti
murtuneita luita.
His hands were rough but moved with kindness and care.
Hänen kätensä olivat karheat, mutta liikkuivat ystävällisesti ja
huolella.
Buck's body was bruised but showed no lasting injury.
Buckin ruumis oli mustelmilla, mutta pysyviä vammoja ei
näkynyt.
What remained was terrible hunger and near-total weakness.
Jäljelle jäi hirvittävä nälkä ja lähes täydellinen heikkous.
By the time this was clear, the sled had gone far downriver.
Siihen mennessä, kun tämä oli selvä, kelkka oli mennyt
pitkälle alavirtaan.
**Man and dog watched the sled slowly crawl over the
cracking ice.**
Mies ja koira katselivat reen hidasta ryömimistä halkeilevan
jään yli.
Then, they saw the sled sink down into a hollow.
Sitten he näkivät kelkan vajoavan onkaloon.
The gee-pole flew up, with Hal still clinging to it in vain.
Geppikeppi lensi ilmaan, ja Hal tarrasi siitä yhä turhaan
kiinni.
Mercedes's scream reached them across the cold distance.
Mercedeksen huuto kantautui heidän eteensä kylmän matkan
takaa.
Charles turned and stepped back—but he was too late.
Charles kääntyi ja astui taaksepäin – mutta hän oli liian
myöhässä.
A whole ice sheet gave way, and they all dropped through.

Koko jääpeite antoi periksi, ja he kaikki putosivat läpi.

Dogs, sled, and people vanished into the black water below.

Koirat, reki ja ihmiset katosivat alapuolella olevaan mustaan veteen.

Only a wide hole in the ice was left where they had passed.

Jäähän oli jäänyt vain leveä reikä siitä kohdasta, josta he olivat ohittaneet.

The trail's bottom had dropped out — just as Thornton warned.

Polun pohja oli pudonnut – aivan kuten Thornton varoitti.

Thornton and Buck looked at one another, silent for a moment.

Thornton ja Buck katsoivat toisiaan hetken hiljaa.

"You poor devil," said Thornton softly, and Buck licked his hand.

– Voi raukkaa, sanoi Thornton hiljaa, ja Buck nuoli hänen kättään.

For the Love of a Man
Miehen rakkaudesta

John Thornton froze his feet in the cold of the previous December.
John Thornton palelsi jalkansa edellisen joulukuun kylmyydessä.

His partners made him comfortable and left him to recover alone.
Hänen kumppaninsa tekivät hänestä mukavan olon ja jättivät hänet toipumaan yksin.

They went up the river to gather a raft of saw-logs for Dawson.
He menivät jokea ylös keräämään lauttaa sahatukkeja Dawsonille.

He was still limping slightly when he rescued Buck from death.
Hän ontui vielä hieman pelastaessaan Buckin kuolemalta.

But with warm weather continuing, even that limp disappeared.
Mutta lämpimän sään jatkuessa jopa tuo ontuminen katosi.

Lying by the riverbank during long spring days, Buck rested.
Buck lepäsi pitkinä kevätpäivinä joenrannalla maaten.

He watched the flowing water and listened to birds and insects.
Hän katseli virtaavaa vettä ja kuunteli lintujen ja hyönteisten laulua.

Slowly, Buck regained his strength under the sun and sky.
Hitaasti Buck sai takaisin voimansa auringon ja taivaan alla.

A rest felt wonderful after traveling three thousand miles.
Lepo tuntui ihanalta kolmentuhannen mailin matkustamisen jälkeen.

Buck became lazy as his wounds healed and his body filled out.
Buckista tuli laiska haavansa parantuessa ja hänen kehonsa täyttyessä.

His muscles grew firm, and flesh returned to cover his bones.

Hänen lihaksensa kiinteytyivät ja liha palasi peittämään hänen luunsa.

They were all resting—Buck, Thornton, Skeet, and Nig.

He kaikki lepäsivät – Buck, Thornton, Skeet ja Nig.

They waited for the raft that was going to carry them down to Dawson.

He odottivat lauttaa, joka veisi heidät alas Dawsoniin.

Skeet was a small Irish setter who made friends with Buck.

Skeet oli pieni irlanninsetteri, joka ystävystyi Buckin kanssa.

Buck was too weak and ill to resist her at their first meeting.

Buck oli liian heikko ja sairas vastustaakseen häntä heidän ensimmäisessä kohtaamisessaan.

Skeet had the healer trait that some dogs naturally possess.

Skeetillä oli parantajan ominaisuus, joka joillakin koirilla on luonnostaan.

Like a mother cat, she licked and cleaned Buck's raw wounds.

Kuin emokissa, hän nuoli ja puhdisti Buckin raakoja haavoja.

Every morning after breakfast, she repeated her careful work.

Joka aamu aamiaisen jälkeen hän toisti huolellisen työnsä.

Buck came to expect her help as much as he did Thornton's.

Buck alkoi odottaa hänen apuaan yhtä paljon kuin Thorntonin.

Nig was friendly too, but less open and less affectionate.

Nig oli myös ystävällinen, mutta vähemmän avoin ja vähemmän hellyydenkipeä.

Nig was a big black dog, part bloodhound and part deerhound.

Nig oli iso musta koira, osaksi verikoira ja osaksi hirvikoira.

He had laughing eyes and endless good nature in his spirit.

Hänellä oli nauravat silmät ja loputtoman hyvä luonne hengessä.

To Buck's surprise, neither dog showed jealousy toward him.

Buckin yllätykseksi kumpikaan koira ei osoittanut mustasukkaisuutta häntä kohtaan.

Both Skeet and Nig shared the kindness of John Thornton.

Sekä Skeet että Nig jakoivat John Thorntonin ystävällisyyden.

As Buck got stronger, they lured him into foolish dog games.

Buckin vahvistuessa he houkuttelivat hänet mukaan tyhmiin koiraleikkeihin.

Thornton often played with them too, unable to resist their joy.

Thorntonkin usein leikki heidän kanssaan, kykenemättä vastustamaan heidän iloaan.

In this playful way, Buck moved from illness to a new life.

Tällä leikkisällä tavalla Buck siirtyi sairaudesta uuteen elämään.

Love—true, burning, and passionate love—was his at last.

Rakkaus – tosi, palava ja intohimoinen rakkaus – oli vihdoin hänen.

He had never known this kind of love at Miller's estate.

Hän ei ollut koskaan tuntenut tällaista rakkautta Millerin kartanossa.

With the Judge's sons, he had shared work and adventure.

Tuomarin poikien kanssa hän oli jakanut työn ja seikkailun.

With the grandsons, he saw stiff and boastful pride.

Pojanpoikien luona hän näki jäykkää ja kerskuvaa ylpeyttä.

With Judge Miller himself, he had a respectful friendship.

Tuomari Millerin kanssa hänellä oli kunnioittava ystävyys.

But love that was fire, madness, and worship came with Thornton.

Mutta rakkaus, joka oli tulta, hulluutta ja palvontaa, tuli Thorntonin mukana.

This man had saved Buck's life, and that alone meant a great deal.

Tämä mies oli pelastanut Buckin hengen, ja se yksinään merkitsi paljon.

But more than that, John Thornton was the ideal kind of master.

Mutta ennen kaikkea John Thornton oli ihanteellinen mestari.

Other men cared for dogs out of duty or business necessity.

Toiset miehet hoitivat koiria velvollisuuden tai liiketoiminnan välttämättömyyden vuoksi.

John Thornton cared for his dogs as if they were his children.

John Thornton huolehti koiristaan kuin lapsistaan.

He cared for them because he loved them and simply could not help it.

Hän välitti heistä, koska rakasti heitä eikä yksinkertaisesti voinut sille mitään.

John Thornton saw even further than most men ever managed to see.

John Thornton näki jopa kauemmas kuin useimmat miehet koskaan kykenivät näkemään.

He never forgot to greet them kindly or speak a cheering word.

Hän ei koskaan unohtanut tervehtiä heitä ystävällisesti tai sanoa rohkaisevaa sanaa.

He loved sitting down with the dogs for long talks, or "gassy," as he said.

Hän rakasti istua koirien kanssa pitkiä keskusteluja varten tai "kaasupäissään", kuten hän itse sanoi.

He liked to seize Buck's head roughly between his strong hands.

Hän tarttui mielellään Buckin päähän rajusti vahvojen käsiensä väliin.

Then he rested his own head against Buck's and shook him gently.

Sitten hän nojasi päätään Buckin päätä vasten ja ravisteli tätä kevyesti.

All the while, he called Buck rude names that meant love to Buck.

Koko ajan hän haukkui Buckia töykein nimin, jotka merkitsivät Buckille rakkautta.

To Buck, that rough embrace and those words brought deep joy.

Buckille tuo karkea halaus ja nuo sanat toivat syvää iloa.

His heart seemed to shake loose with happiness at each movement.

Hänen sydämensä tuntui vapisevan onnesta joka liikkeellä.

When he sprang up afterward, his mouth looked like it laughed.

Kun hän hyppäsi ylös jälkeenpäin, hänen suunsa näytti siltä kuin se olisi nauranut.

His eyes shone brightly and his throat trembled with unspoken joy.

Hänen silmänsä loistivat kirkkaasti ja hänen kurkkunsa vapisi sanoin kuvaamattomasta ilosta.

His smile stood still in that state of emotion and glowing affection.

Hänen hymynsä pysähtyi tuossa liikutuksen ja hehkuvan kiintymyksen tilassa.

Then Thornton exclaimed thoughtfully, "God! he can almost speak!"

Sitten Thornton huudahti mietteliäästi: "Voi luoja! Hän melkein osaa puhua!"

Buck had a strange way of expressing love that nearly caused pain.

Buckilla oli outo tapa ilmaista rakkautta, joka melkein aiheutti tuskaa.

He often griped Thornton's hand in his teeth very tightly.

Hän puristi usein Thorntonin kättä tiukasti hampaillaan.

The bite was going to leave deep marks that stayed for some time after.

Purema jätti syvät jäljet, jotka pysyivät jonkin aikaa.

Buck believed those oaths were love, and Thornton knew the same.

Buck uskoi noiden valaiden olevan rakkautta, ja Thornton tiesi saman.

Most often, Buck's love showed in quiet, almost silent adoration.

Useimmiten Buckin rakkaus ilmeni hiljaisena, lähes äänettömänä ihailuna.

Though thrilled when touched or spoken to, he did not seek attention.

Vaikka hän ilahtui kosketuksesta tai puhuttelusta, hän ei hakenut huomiota.

Skeet nudged her nose under Thornton's hand until he petted her.

Skeet työnsi kuonoaan Thorntonin käden alle, kunnes tämä silitti tätä.

Nig walked up quietly and rested his large head on Thornton's knee.

Nig käveli hiljaa Thorntonin luo ja laski suuren päänsä tämän polvelle.

Buck, in contrast, was satisfied to love from a respectful distance.

Buck sitä vastoin tyytyi rakastamaan kunnioittavan etäisyyden päästä.

He lied for hours at Thornton's feet, alert and watching closely.

Hän makasi tuntikausia Thorntonin jalkojen juuressa, valppaana ja tarkkaillen.

Buck studied every detail of his master's face and slightest motion.

Buck tutki isäntänsä kasvojen jokaista yksityiskohtaa ja pienintäkin liikettä.

Or lied farther away, studying the man's shape in silence.

Tai valehteli kauempana, tutkien miehen hahmoa hiljaa.

Buck watched each small move, each shift in posture or gesture.

Buck tarkkaili jokaista pientä liikettä, jokaista asennon tai eleen muutosta.

So powerful was this connection that often pulled Thornton's gaze.

Tämä yhteys oli niin voimakas, että se usein veti Thorntonin katseen puoleensa.

He met Buck's eyes with no words, love shining clearly through.

Hän kohtasi Buckin katseen sanomatta sanaakaan, rakkaus säteili niiden läpi.

For a long while after being saved, Buck never let Thornton out of sight.

Pelastumisensa jälkeen Buck ei päästänyt Thorntonia näkyvistä pitkään aikaan.

Whenever Thornton left the tent, Buck followed him closely outside.

Aina kun Thornton poistui teltasta, Buck seurasi häntä tiiviisti ulos.

All the harsh masters in the Northland had made Buck afraid to trust.

Kaikki Pohjolan ankarat isännät olivat tehneet Buckin pelokkaaksi luottamaan heihin.

He feared no man could remain his master for more than a short time.

Hän pelkäsi, ettei kukaan voisi pysyä hänen isäntänään kuin lyhyen aikaa.

He feared John Thornton was going to vanish like Perrault and François.

Hän pelkäsi John Thorntonin katoavan Perraultin ja Françoisin tavoin.

Even at night, the fear of losing him haunted Buck's restless sleep.

Yölläkin Buckin levoton uni vaivasi pelko hänen menettämisestään.

When Buck woke, he crept out into the cold, and went to the tent.

Herättyään Buck ryömi ulos kylmään ja meni telttaan.

He listened carefully for the soft sound of breathing inside.

Hän kuunteli tarkasti sisällään kuuluvaa pehmeää hengitystä.

Despite Buck's deep love for John Thornton, the wild stayed alive.

Vaikka Buckin syvä rakkaus John Thorntonia kohtaan oli suuri, villieläin pysyi hengissä.

That primitive instinct, awakened in the North, did not disappear.

Tuo pohjoisessa herännyt alkukantainen vaisto ei kadonnut.

Love brought devotion, loyalty, and the fire-side's warm bond.

Rakkaus toi mukanaan omistautumista, uskollisuutta ja tulen ääreen luomaa lämmintä sidettä.

But Buck also kept his wild instincts, sharp and ever alert.

Mutta Buck säilytti myös villit vaistonsa, terävinä ja aina valppaina.

He was not just a tamed pet from the soft lands of civilization.

Hän ei ollut vain kesytetty lemmikki sivilisaation pehmeiltä mailta.

Buck was a wild being who had come in to sit by Thornton's fire.

Buck oli villi olento, joka oli tullut istumaan Thorntonin tulen ääreen.

He looked like a Southland dog, but wildness lived within him.

Hän näytti etelänkoiralta, mutta villiys asui hänen sisällään.

His love for Thornton was too great to allow theft from the man.

Hänen rakkautensa Thorntonia kohtaan oli liian suuri salliakseen varastamisen mieheltä.

But in any other camp, he would steal boldly and without pause.

Mutta missä tahansa muussa leirissä hän varastaisi rohkeasti ja taukoamatta.

He was so clever in stealing that no one could catch or accuse him.

Hän oli niin ovela varastamaan, ettei kukaan saanut häntä kiinni tai syyttämään.

His face and body were covered in scars from many past fights.

Hänen kasvonsa ja vartalonsa olivat täynnä arpia monista aiemmista taisteluista.

Buck still fought fiercely, but now he fought with more cunning.

Buck taisteli edelleen raivokkaasti, mutta nyt hän taisteli ovelammin.

Skeet and Nig were too gentle to fight, and they were Thornton's.

Skeet ja Nig olivat liian lempeitä taistelemaan, ja he olivat Thorntonin.

But any strange dog, no matter how strong or brave, gave way.

Mutta jokainen outo koira, olipa se kuinka vahva tai rohkea tahansa, antoi periksi.

Otherwise, the dog found itself battling Buck; fighting for its life.

Muuten koira huomasi taistelevansa Buckin kanssa; taistelevansa hengestään.

Buck had no mercy once he chose to fight against another dog.

Buck ei tuntenut armoa, kun hän päätti taistella toista koiraa vastaan.

He had learned well the law of club and fang in the Northland.

Hän oli oppinut hyvin Pohjoisen nuijan ja hampaiden lain.

He never gave up an advantage and never backed away from battle.

Hän ei koskaan luopunut edustaan eikä koskaan perääntynyt taistelusta.

He had studied Spitz and the fiercest dogs of mail and police.

Hän oli tutkinut pystykorvia ja postin ja poliisin hurjimpia koiria.

He knew clearly there was no middle ground in wild combat.

Hän tiesi selvästi, ettei villissä taistelussa ole mitään keskitietä.

He must rule or be ruled; showing mercy meant showing weakness.

Hänen täytyi hallita tai tulla hallituksi; armon osoittaminen tarkoitti heikkouden osoittamista.

Mercy was unknown in the raw and brutal world of survival.

Armo oli tuntematonta selviytymisen raa'assa ja brutaalissa maailmassa.

To show mercy was seen as fear, and fear led quickly to death.

Armon osoittamista pidettiin pelkona, ja pelko johti nopeasti kuolemaan.

The old law was simple: kill or be killed, eat or be eaten.

Vanha laki oli yksinkertainen: tapa tai tule tapetuksi, syö tai tule syödyksi.

That law came from the depths of time, and Buck followed it fully.

Tuo laki oli peräisin muinaisista ajoista, ja Buck noudatti sitä täysin.

Buck was older than his years and the number of breaths he took.

Buck oli ikäänsä ja hengitystensä määräänsä nähden vanhempi.

He connected the ancient past with the present moment clearly.

Hän yhdisti menneisyyden selkeästi nykyhetkeen.

The deep rhythms of the ages moved through him like the tides.

Iän syvät rytmit liikkuivat hänen lävitseen kuin vuorovesi.

Time pulsed in his blood as surely as seasons moved the earth.

Aika sykki hänen veressään yhtä varmasti kuin vuodenajat liikuttivat maata.

He sat by Thornton's fire, strong-chested and white-fanged.

Hän istui Thorntonin tulen ääressä vahvarintaisena ja valkohampaisena.

His long fur waved, but behind him the spirits of wild dogs watched.

Hänen pitkä turkkinsa liehui, mutta hänen takanaan villikoirien henget tarkkailivat.

Half-wolves and full wolves stirred within his heart and senses.
Puolisudet ja täysikasvuiset sudet liikkuivat hänen sydämessään ja aisteissaan.
They tasted his meat and drank the same water that he did.
He maistoivat hänen lihaansa ja joivat samaa vettä kuin hänkin.
They sniffed the wind alongside him and listened to the forest.
He nuuhkivat tuulta hänen rinnallaan ja kuuntelivat metsän ääniä.
They whispered the meanings of the wild sounds in the darkness.
He kuiskasivat pimeydessä kuuluvien villien äänien merkityksiä.
They shaped his moods and guided each of his quiet reactions.
Ne muovasivat hänen mielialojaan ja ohjasivat jokaista hänen hiljaista reaktiotaan.
They lay with him as he slept and became part of his deep dreams.
Ne makasivat hänen kanssaan hänen nukkuessaan ja niistä tuli osa hänen syvimpiä uniaan.
They dreamed with him, beyond him, and made up his very spirit.
He unelmoivat hänen kanssaan, hänen tuolla puolen, ja loivat hänen sielunsa.
The spirits of the wild called so strongly that Buck felt pulled.
Erämaan henget kutsuivat Buckia niin voimakkaasti, että se tuntui vierivän mukanaan.
Each day, mankind and its claims grew weaker in Buck's heart.
Joka päivä ihmiskunta ja sen vaatimukset heikkenivät Buckin sydämessä.
Deep in the forest, a strange and thrilling call was going to rise.

Syvällä metsässä oli kajahtamaisillaan outo ja jännittävä kutsu.
Every time he heard the call, Buck felt an urge he could not resist.
Joka kerta kun Buck kuuli kutsun, hän tunsi vastustamatonta halua.
He was going to turn from the fire and from the beaten human paths.
Hän aikoi kääntyä pois tulesta ja tallatuilta ihmisten poluilta.
He was going to plunge into the forest, going forward without knowing why.
Hän aikoi syöksyä metsään, jatkaa eteenpäin tietämättä miksi.
He did not question this pull, for the call was deep and powerful.
Hän ei kyseenalaistanut tätä vetoa, sillä kutsu oli syvä ja voimakas.
Often, he reached the green shade and soft untouched earth
Usein hän saavutti vihreän varjon ja pehmeän koskemattoman maan
But then the strong love for John Thornton pulled him back to the fire.
Mutta sitten voimakas rakkaus John Thorntonia kohtaan veti hänet takaisin tuleen.
Only John Thornton truly held Buck's wild heart in his grasp.
Vain John Thornton todella piti Buckin villiä sydäntä otteessaan.
The rest of mankind had no lasting value or meaning to Buck.
Muulla ihmiskunnalla ei ollut Buckille pysyvää arvoa tai merkitystä.
Strangers might praise him or stroke his fur with friendly hands.
Muukalaiset saattavat kehua häntä tai silittää hänen turkkiaan ystävällisillä käsillään.
Buck remained unmoved and walked off from too much affection.

Buck pysyi liikkumattomana ja käveli pois liiallisen kiintymyksen vaikutuksesta.

Hans and Pete arrived with the raft that had long been awaited

Hans ja Pete saapuivat kauan odotetun lautan kanssa

Buck ignored them until he learned they were close to Thornton.

Buck jätti heidät huomiotta, kunnes sai tietää, että he olivat lähellä Thorntonia.

After that, he tolerated them, but never showed them full warmth.

Sen jälkeen hän sieti heitä, mutta ei koskaan osoittanut heille täyttä lämpöä.

He took food or kindness from them as if doing them a favor.

Hän otti heiltä ruokaa tai ystävällisyyttä ikään kuin tekisi heille palveluksen.

They were like Thornton—simple, honest, and clear in thought.

He olivat kuin Thornton – yksinkertaisia, rehellisiä ja ajatuksiltaan selkeitä.

All together they traveled to Dawson's saw-mill and the great eddy

Kaikki yhdessä he matkustivat Dawsonin sahalle ja suurelle pyörteelle

On their journey the learned to understand Buck's nature deeply.

Matkallaan he oppivat ymmärtämään syvällisesti Buckin luonnetta.

They did not try to grow close like Skeet and Nig had done.

He eivät yrittäneet lähentyä toisiltaan, kuten Skeet ja Nig olivat tehneet.

But Buck's love for John Thornton only deepened over time.

Mutta Buckin rakkaus John Thorntonia kohtaan vain syveni ajan myötä.

Only Thornton could place a pack on Buck's back in the summer.

Vain Thornton kykeni panemaan rinkan Buckin selkään kesällä.

Whatever Thornton commanded, Buck was willing to do fully.

Mitä tahansa Thornton käski, Buck oli valmis tekemään täysin määrin.

One day, after they left Dawson for the headwaters of the Tanana,

Eräänä päivänä, lähdettyään Dawsonista Tananan alkulähteille,

the group sat on a cliff that dropped three feet to bare bedrock.

Ryhmä istui kalliolla, joka putosi metrin päähän paljaalle kallioperälle.

John Thornton sat near the edge, and Buck rested beside him.

John Thornton istui lähellä reunaa ja Buck lepäsi hänen vieressään.

Thornton had a sudden thought and called the men's attention.

Thorntonille tuli äkillinen ajatus, ja hän kiinnitti miesten huomion.

He pointed across the chasm and gave Buck a single command.

Hän osoitti rotkon yli ja antoi Buckille yhden ainoan käskyn.

"Jump, Buck!" he said, swinging his arm out over the drop.

"Hyppää, Buck!" hän sanoi heilauttaen kätensä pudotuksen yli.

In a moment, he had to grab Buck, who was leaping to obey.

Hetken kuluttua hänen oli pakko napata Buckin, joka hyppäsi totellakseen.

Hans and Pete rushed forward and pulled both back to safety.

Hans ja Pete ryntäsivät eteenpäin ja vetivät molemmat takaisin turvaan.

After all ended, and they had caught their breath, Pete spoke up.

Kaiken päätyttyä ja heidän vetäytyessään henkeä Pete puhui.
"The love's uncanny," he said, shaken by the dog's fierce devotion.
"Rakkaus on outoa", hän sanoi järkyttyneenä koiran kiihkeästä omistautumisesta.
Thornton shook his head and replied with calm seriousness.
Thornton pudisti päätään ja vastasi tyynen vakavana.
"No, the love is splendid," he said, "but also terrible."
"Ei, rakkaus on ihanaa", hän sanoi, "mutta myös kamalaa."
"Sometimes, I must admit, this kind of love makes me afraid."
"Joskus, minun on myönnettävä, tällainen rakkaus pelottaa minua."
Pete nodded and said, "I'd hate to be the man who touches you."
Pete nyökkäsi ja sanoi: "En haluaisi olla se mies, joka koskee sinuun."
He looked at Buck as he spoke, serious and full of respect.
Hän katsoi Buckia puhuessaan vakavana ja kunnioittavana.
"Py Jingo!" said Hans quickly. "Me either, no sir."
– Voi herra! sanoi Hans nopeasti. – En minäkään, herra.

Before the year ended, Pete's fears came true at Circle City.
Ennen vuoden loppua Peten pelko kävi toteen Circle Cityssä.
A cruel man named Black Burton picked a fight in the bar.
Julma mies nimeltä Black Burton aloitti tappelun baarissa.
He was angry and malicious, lashing out at a new tenderfoot.
Hän oli vihainen ja ilkeämielinen ja hyökkäsi uuteen nurjaan.
John Thornton stepped in, calm and good-natured as always.
John Thornton astui esiin, tyynenä ja hyväntuulisena kuten aina.
Buck lay in a corner, head down, watching Thornton closely.
Buck makasi nurkassa pää painuksissa ja tarkkaili Thorntonia tarkasti.
Burton suddenly struck, his punch sending Thornton spinning.

Burton iski yhtäkkiä, ja hänen lyöntinsä pyöräytti Thorntonia.

Only the bar's rail kept him from crashing hard to the ground.

Vain tangon kaide esti häntä putoamasta kovaa maahan.

The watchers heard a sound that was not bark or yelp

Tarkkailijat kuulivat äänen, joka ei ollut haukkumista tai ulvontaa

a deep roar came from Buck as he launched toward the man.

Buck karjaisi syvästi syöksyessään miestä kohti.

Burton threw his arm up and barely saved his own life.

Burton nosti kätensä ilmaan ja pelasti hädin tuskin oman henkensä.

Buck crashed into him, knocking him flat onto the floor.

Buck törmäsi häneen ja kaatoi hänet lattialle.

Buck bit deep into the man's arm, then lunged for the throat.

Buck puri syvälle miehen käsivarteen ja syöksyi sitten kurkkuun.

Burton could only partly block, and his neck was torn open.

Burton pystyi torjumaan vain osittain, ja hänen niskansa repesi auki.

Men rushed in, clubs raised, and drove Buck off the bleeding man.

Miehet ryntäsivät sisään nuijat pystyssä ja ajoivat Buckin pois verta vuotavan miehen selästä.

A surgeon worked quickly to stop the blood from flowing out.

Kirurgi työskenteli nopeasti estääkseen veren vuotamisen.

Buck paced and growled, trying to attack again and again.

Buck kuljeskeli edestakaisin ja murisi yrittäen hyökätä yhä uudelleen ja uudelleen.

Only swinging clubs kept him back from reaching Burton.

Vain heiluttavat mailat estivät häntä pääsemästä Burtoniin.

A miners' meeting was called and held right there on the spot.

Kaivostyöläisten kokous kutsuttiin koolle ja pidettiin siellä paikan päällä.

They agreed Buck had been provoked and voted to set him free.

He olivat yhtä mieltä siitä, että Buckia oli provosoitu, ja äänestivät hänen vapauttamisensa puolesta.

But Buck's fierce name now echoed in every camp in Alaska.

Mutta Buckin hurja nimi kaikui nyt jokaisessa Alaskan leirissä.

Later that fall, Buck saved Thornton again in a new way.

Myöhemmin samana syksynä Buck pelasti Thorntonin jälleen uudella tavalla.

The three men were guiding a long boat down rough rapids.

Kolme miestä ohjasivat pitkää venettä alas karuja koskia.

Thornton maned the boat, calling directions to the shoreline.

Thornton ohjasi venettä ja huusi ohjeita rantaviivalle.

Hans and Pete ran on land, holding a rope from tree to tree.

Hans ja Pete juoksivat maalla köysi kädessään puusta puuhun.

Buck kept pace on the bank, always watching his master.

Buck pysytteli vauhdissa rannalla pitäen koko ajan silmällä isäntäänsä.

At one nasty place, rocks jutted out under the fast water.

Yhdessä ikävässä paikassa kivet työntyivät esiin nopean veden alta.

Hans let go of the rope, and Thornton steered the boat wide.

Hans päästi köydestä irti, ja Thornton ohjasi veneen leveälle.

Hans sprinted to catch the boat again past the dangerous rocks.

Hans juoksi pikaisesti kiinni veneeseen vaarallisten kivien ohi.

The boat cleared the ledge but hit a stronger part of the current.

Vene ylitti reunan, mutta osui virran voimakkaampaan kohtaan.

Hans grabbed the rope too quickly and pulled the boat off balance.

Hans tarttui köyteen liian nopeasti ja veti veneen pois tasapainosta.

The boat flipped over and slammed into the bank, bottom up.

Vene pyörähti ympäri ja iskeytyi rantaan pohja ylöspäin.

Thornton was thrown out and swept into the wildest part of the water.

Thornton heitettiin ulos ja pyyhkäistiin veden villimpään kohtaan.

No swimmer could have survived in those deadly, racing waters.

Yksikään uimari ei olisi selvinnyt hengissä noissa tappavissa, kilpavedessä.

Buck jumped in instantly and chased his master down the river.

Buck hyppäsi heti mukaan ja ajoi isäntäänsä takaa alas jokea.

After three hundred yards, he reached Thornton at last.

Kolmensadan jaardin jälkeen hän saapui viimein Thorntonin luo.

Thornton grabbed Buck's tail, and Buck turned for the shore.

Thornton tarttui Buckin pyrstöön, ja Buck kääntyi rantaa kohti.

He swam with full strength, fighting the water's wild drag.

Hän ui täydellä voimallaan taistellen veden villiä vastusta vastaan.

They moved downstream faster than they could reach the shore.

He liikkuivat alavirtaan nopeammin kuin ehtivät rantaan.

Ahead, the river roared louder as it fell into deadly rapids.

Edessä joki pauhui kovempaa syöksyessään tappaviin koskiin.

Rocks sliced through the water like the teeth of a huge comb.

Kivet viilsivät vettä kuin valtavan kamman piikit.

The pull of the water near the drop was savage and inescapable.

Veden vetovoima lähellä pisaraa oli raju ja väistämätön.

Thornton knew they could never make the shore in time.

Thornton tiesi, etteivät he koskaan ehtisi rantaan ajoissa.

He scraped over one rock, smashed across a second,

Hän raapi yli yhden kiven, murskasi toisen,

And then he crashed into a third rock, grabbing it with both hands.

Ja sitten hän törmäsi kolmanteen kiveen tarttuen siihen molemmilla käsillään.

He let go of Buck and shouted over the roar, "Go, Buck! Go!"

Hän päästi irti Buckista ja huusi karjunnan yli: "Mene, Buck! Mene!"

Buck could not stay afloat and was swept down by the current.

Buck ei pysynyt pinnalla, ja virta vei hänet alas.

He fought hard, struggling to turn, but made no headway at all.

Hän taisteli kovasti, kamppaili kääntyäkseen, mutta ei edistynyt lainkaan.

Then he heard Thornton repeat the command over the river's roar.

Sitten hän kuuli Thorntonin toistavan käskyn joen pauhun yli.

Buck reared out of the water, raised his head as if for a last look.

Buck nousi vedestä ja nosti päätään ikään kuin vilkaistakseen viimeisen kerran.

then turned and obeyed, swimming toward the bank with resolve.

sitten kääntyi ja totteli uiden päättäväisesti kohti rantaa.

Pete and Hans pulled him ashore at the final possible moment.

Pete ja Hans vetivät hänet maihin viimeisellä mahdollisella hetkellä.

They knew Thornton could cling to the rock for only minutes more.

He tiesivät, että Thornton voisi roikkua kalliossa enää vain minuutteja.

They ran up the bank to a spot far above where he was hanging.

He juoksivat penkerettä ylös paikkaan, joka oli paljon korkeammalla kuin se paikka, jossa hän riippui.

They tied the boat's line to Buck's neck and shoulders carefully.

He sitoivat veneen köyden huolellisesti Buckin kaulaan ja hartioihin.

The rope was snug but loose enough for breathing and movement.

Köysi oli tiukka, mutta silti tarpeeksi löysä hengittämistä ja liikkumista varten.

Then they launched him into the rushing, deadly river again.

Sitten he heittivät hänet takaisin kuohuvaan, kuolettavaan jokeen.

Buck swam boldly but missed his angle into the stream's force.

Buck ui rohkeasti, mutta epäonnistui suunnassaan virran voimaan nähden.

He saw too late that he was going to drift past Thornton.

Hän tajusi liian myöhään, että oli ajautumassa Thorntonin ohi.

Hans jerked the rope tight, as if Buck were a capsizing boat.

Hans nykäisi köyttä tiukalle, aivan kuin Buck olisi kaatumassa oleva vene.

The current pulled him under, and he vanished below the surface.

Virtaus veti hänet pinnan alle, ja hän katosi.

His body struck the bank before Hans and Pete pulled him out.

Hänen ruumiinsa osui penkereeseen ennen kuin Hans ja Pete vetivät hänet ylös.

He was half-drowned, and they pounded the water out of him.

Hän oli puoliksi hukkunut, ja he hakkasivat veden hänestä pois.

Buck stood, staggered, and collapsed again onto the ground.

Buck nousi seisomaan, horjahti ja lysähti taas maahan.

Then they heard Thornton's voice faintly carried by the wind.

Sitten he kuulivat Thorntonin äänen, jonka tuuli kantoi vaimeasti.

Though the words were unclear, they knew he was near death.

Vaikka sanat olivat epäselviä, he tiesivät hänen olevan lähellä kuolemaa.

The sound of Thornton's voice hit Buck like an electric jolt.

Thorntonin ääni iski Buckiin kuin sähköisku.

He jumped up and ran up the bank, returning to the launch point.

Hän hyppäsi ylös ja juoksi penkerettä ylös palaten lähtöpisteelle.

Again they tied the rope to Buck, and again he entered the stream.

Jälleen he sitoivat köyden Buckiin, ja jälleen hän meni puroon.

This time, he swam directly and firmly into the rushing water.

Tällä kertaa hän ui suoraan ja lujasti kuohuvaan veteen.

Hans let out the rope steadily while Pete kept it from tangling.

Hans päästi köyden ulos tasaisesti samalla kun Pete esti sitä sotkeutumasta.

Buck swam hard until he was lined up just above Thornton.

Buck ui lujaa, kunnes oli linjassa juuri Thorntonin yläpuolella.

Then he turned and charged down like a train in full speed.

Sitten hän kääntyi ja syöksyi alas kuin täyttä vauhtia kulkeva juna.

Thornton saw him coming, braced, and locked arms around his neck.

Thornton näki hänen tulevan, kannatteli ja kietoi kätensä hänen kaulansa ympärille.

Hans tied the rope fast around a tree as both were pulled under.

Hans sitoi köyden tiukasti puun ympärille, kun molemmat vedettiin pinnan alle.

They tumbled underwater, smashing into rocks and river debris.

Ne syöksyivät veden alle törmäillen kiviin ja joen roskiin.

One moment Buck was on top, the next Thornton rose gasping.

Yhtenä hetkenä Buck oli huipulla, seuraavana Thornton nousi henkeään haukkoen.

Battered and choking, they veered to the bank and safety.

Hakattuina ja tukehtuessa he ajautuivat rannalle turvaan.

Thornton regained consciousness, lying across a drift log.

Thornton palasi tajuihinsa maaten ajotukilla.

Hans and Pete worked him hard to bring back breath and life.

Hans ja Pete tekivät hänen kanssaan kovasti töitä saadakseen hengityksen ja elämän takaisin.

His first thought was for Buck, who lay motionless and limp.

Hänen ensimmäinen ajatuksensa oli Buck, joka makasi liikkumattomana ja velttona.

Nig howled over Buck's body, and Skeet licked his face gently.

Nig ulvoi Buckin ruumiin yli, ja Skeet nuoli hänen kasvojaan hellästi.

Thornton, sore and bruised, examined Buck with careful hands.

Thornton, kipeänä ja mustelmilla, tutki Buckia varovaisin käsin.

He found three ribs broken, but no deadly wounds in the dog.

Hän löysi koiralta kolme murtunutta kylkiluuta, mutta ei kuolettavia vammoja.

"That settles it," Thornton said. "We camp here." And they did.

– Siinä se, Thornton sanoi. – Me leiriydymme täällä. Ja niin he tekivätkin.

They stayed until Buck's ribs healed and he could walk again.

He pysyivät, kunnes Buckin kylkiluut paranivat ja hän pystyi taas kävelemään.

That winter, Buck performed a feat that raised his fame
further.
Sinä talvena Buck suoritti saavutuksen, joka nosti hänen
mainettaan entisestään.
It was less heroic than saving Thornton, but just as
impressive.
Se oli vähemmän sankarillista kuin Thorntonin pelastaminen,
mutta aivan yhtä vaikuttavaa.
At Dawson, the partners needed supplies for a distant
journey.
Dawsonissa kumppanit tarvitsivat tarvikkeita pitkää matkaa
varten.
They wanted to travel East, into untouched wilderness
lands.
He halusivat matkustaa itään, koskemattomille erämaa-
alueille.
Buck's deed in the Eldorado Saloon made that trip possible.
Buckin tekemä Eldorado Saloonissa mahdollisti tuon matkan.
It began with men bragging about their dogs over drinks.
Se alkoi miesten kerskuessa koiristaan drinkkien äärellä.
Buck's fame made him the target of challenges and doubt.
Buckin maine teki hänestä haasteiden ja epäilysten kohteen.
Thornton, proud and calm, stood firm in defending Buck's
name.
Thornton, ylpeänä ja tyynenä, puolusti lujasti Buckin nimeä.
One man said his dog could pull five hundred pounds with
ease.
Eräs mies sanoi, että hänen koiransa pystyisi vetämään
helposti viisisataa paunaa.
Another said six hundred, and a third bragged seven
hundred.
Toinen sanoi kuusisataa, ja kolmas kerskui seitsemäsataa.
"Pfft!" said John Thornton, "Buck can pull a thousand
pound sled."
– Pöh! sanoi John Thornton. – Buck pystyy vetämään
tuhannen paunan reen.

Matthewson, a Bonanza King, leaned forward and challenged him.

Matthewson, Bonanza-kuningas, nojasi eteenpäin ja haastoi hänet.

"You think he can put that much weight into motion?"

"Luuletko, että hän pystyy liikuttamaan niin paljon painoa?"

"And you think he can pull the weight a full hundred yards?"

"Ja luuletko hänen vetävän painon kokonaiset sata jaardia?"

Thornton replied coolly, "Yes. Buck is dog enough to do it."

Thornton vastasi kylmästi: "Kyllä. Buck on tarpeeksi koira tekemään sen."

"He'll put a thousand pounds into motion, and pull it a hundred yards."

"Hän laittaa tuhannen punnan voiman liikkeelle ja vetää sitä sata metriä."

Matthewson smiled slowly and made sure all men heard his words.

Matthewson hymyili hitaasti ja varmisti, että kaikki miehet kuulivat hänen sanansa.

"I've got a thousand dollars that says he can't. There it is."

"Minulla on tuhat dollaria, joka kieltää hänen pääsynsä siihen. Tässä se on."

He slammed a sack of gold dust the size of sausage on the bar.

Hän paiskasi baaritiskille makkaran kokoisen säkin kultapölyä.

Nobody said a word. The silence grew heavy and tense around them.

Kukaan ei sanonut sanaakaan. Hiljaisuus heidän ympärillään kävi raskaaksi ja jännittyneeksi.

Thornton's bluff—if it was one—had been taken seriously.

Thorntonin bluffi – jos se sellainen oli – oli otettu vakavasti.

He felt heat rise in his face as blood rushed to his cheeks.

Hän tunsi kuumuuden nousevan kasvoilleen veren noustessa poskilleen.

His tongue had gotten ahead of his reason in that moment.

Hänen kielensä oli mennyt sillä hetkellä järjen edelle.

He truly didn't know if Buck could move a thousand pounds.

Hän ei todellakaan tiennyt, pystyisikö Buck liikuttamaan tuhatta paunaa.

Half a ton! The size of it alone made his heart feel heavy.

Puoli tonnia! Jo pelkkä sen koko sai hänen sydämensä tuntumaan raskaalta.

He had faith in Buck's strength and had thought him capable.

Hän luotti Buckin voimaan ja oli pitänyt tätä kyvykkäänä.

But he had never faced this kind of challenge, not like this.

Mutta hän ei ollut koskaan kohdannut tällaista haastetta, ei tällaista.

A dozen men watched him quietly, waiting to see what he'd do.

Kymmenkunta miestä katseli häntä hiljaa odottaen, mitä hän tekisi.

He didn't have the money—neither did Hans or Pete.

Hänellä ei ollut rahaa – eikä Hansilla eikä Petelläkään.

"I've got a sled outside," said Matthewson coldly and direct.

– Minulla on ulkona reki, Matthewson sanoi kylmästi ja suoraan.

"It's loaded with twenty sacks, fifty pounds each, all flour.

"Se on lastattu kahdellakymmenellä säkillä, viisikymmentä paunaa kukin, pelkkää jauhoa."

So don't let a missing sled be your excuse now," he added.

Joten älä anna kadonneen kelkan olla tekosyynäsi nyt", hän lisäsi.

Thornton stood silent. He didn't know what words to offer.

Thornton seisoi hiljaa. Hän ei tiennyt, mitä sanoja sanoisi.

He looked around at the faces without seeing them clearly.

Hän katseli ympärilleen kasvoja näkemättä niitä selvästi.

He looked like a man frozen in thought, trying to restart.

Hän näytti mieheltä, joka oli jähmettynyt ajatuksiinsa ja yritti käynnistää elämänsä uudelleen.

Then he saw Jim O'Brien, a friend from the Mastodon days.

Sitten hän näki Jim O'Brienin, ystävänsä Mastodon-ajoilta.
That familiar face gave him courage he didn't know he had.
Tuo tuttu kasvo antoi hänelle rohkeutta, jota hän ei tiennyt
itsellään olevan.
**He turned and asked in a low voice, "Can you lend me a
thousand?"**
Hän kääntyi ja kysyi hiljaisella äänellä: "Voitko lainata minulle
tuhat?"
**"Sure," said O'Brien, dropping a heavy sack by the gold
already.**
– Totta kai, sanoi O'Brien pudottaen jo raskaan säkin kultaa
kohti.
"But truthfully, John, I don't believe the beast can do this."
"Mutta totta puhuen, John, en usko, että peto pystyy tähän."
**Everyone in the Eldorado Saloon rushed outside to see the
event.**
Kaikki Eldorado Saloonissa ryntäsivät ulos katsomaan
tapahtumaa.
**They left tables and drinks, and even the games were
paused.**
He poistuivat pöydistä ja juomista, ja jopa pelit keskeytettiin.
Dealers and gamblers came to witness the bold wager's end.
Jakajat ja uhkapelurit tulivat todistamaan rohkean
vedonlyönnin loppua.
Hundreds gathered around the sled in the icy open street.
Sadat ihmiset kokoontuivat pulkan ympärille jäiselle
avoimelle kadulle.
Matthewson's sled stood with a full load of flour sacks.
Matthewsonin reki seisoi täydessä kuormassa jauhosäkkejä.
The sled had been sitting for hours in minus temperatures.
Pulkka oli seissyt tuntikausia miinuslämpötiloissa.
**The sled's runners were frozen tight to the packed-down
snow.**
Kelkan jalakset olivat jäätyneet tiukasti kiinni
pakkautuneeseen lumeen.
**Men offered two-to-one odds that Buck could not move the
sled.**

Miehet tarjosivat kaksi yhteen -kertoimia sille, ettei Buck pystyisi liikuttamaan rekeä.

A dispute broke out about what "break out" really meant.

Kiistaa syntyi siitä, mitä "break out" oikeastaan tarkoitti.

O'Brien said Thornton should loosen the sled's frozen base.

O'Brien sanoi, että Thorntonin pitäisi löysätä kelkan jäätynyttä pohjaa.

Buck could then "break out" from a solid, motionless start.

Buck voisi sitten "murtautua esiin" vankasta, liikkumattomasta alusta.

Matthewson argued the dog must break the runners free too.

Matthewson väitti, että koiran täytyy vapauttaa myös juoksijat.

The men who had heard the bet agreed with Matthewson's view.

Vedonlyönnin kuulleet miehet olivat samaa mieltä Matthewsonin näkemyksestä.

With that ruling, the odds jumped to three-to-one against Buck.

Tuon päätöksen myötä kertoimet nousivat kolmeen yhteen Buckia vastaan.

No one stepped forward to take the growing three-to-one odds.

Kukaan ei astunut esiin ottaakseen kasvavaa kolmen yhteen - kerrointa.

Not a single man believed Buck could perform the great feat.

Yksikään mies ei uskonut Buckin pystyvän tuohon suureen saavutukseen.

Thornton had been rushed into the bet, heavy with doubts.

Thornton oli kiirehditty vedonlyöntiin epäilysten vaivaamana.

Now he looked at the sled and the ten-dog team beside it.

Nyt hän katsoi rekeä ja sen vieressä olevaa kymmenen koiran valjakkoa.

Seeing the reality of the task made it seem more impossible.

Tehtävän todellisuuden näkeminen sai sen tuntumaan entistä mahdottomammalta.

Matthewson was full of pride and confidence in that moment.

Matthewson oli sillä hetkellä täynnä ylpeyttä ja itseluottamusta.

"Three to one!" he shouted. "I'll bet another thousand, Thornton!

– Kolme yhteen! hän huusi. – Lyön vetoa vielä tuhannesta, Thornton!

What do you say?" he added, loud enough for all to hear.

"Mitä sanot?" hän lisäsi niin kovaa, että kaikki kuulivat.

Thornton's face showed his doubts, but his spirit had risen.

Thorntonin kasvoilla näkyi epäilyksiä, mutta hänen mielialansa oli noussut.

That fighting spirit ignored odds and feared nothing at all.

Tuo taistelutahto jätti välinpitämättömät kertoimet huomiotta eikä pelännyt mitään.

He called Hans and Pete to bring all their cash to the table.

Hän soitti Hansille ja Petelle tuodakseen kaikki rahansa pöytään.

They had little left—only two hundred dollars combined.

Heillä oli vähän jäljellä – yhteensä vain kaksisataa dollaria.

This small sum was their total fortune during hard times.

Tämä pieni summa oli heidän koko omaisuutensa vaikeina aikoina.

Still, they laid all of the fortune down against Matthewson's bet.

Silti he panivat koko omaisuuden Matthewsonin vetoa vastaan.

The ten-dog team was unhitched and moved away from the sled.

Kymmenen koiran valjakko irrotettiin valjakosta ja siirtyi pois reen luota.

Buck was placed in the reins, wearing his familiar harness.

Buck laitettiin ohjaksiin ja hänellä oli tutut valjaat.

He had caught the energy of the crowd and felt the tension.

Hän oli vanginnut väkijoukon energian ja tuntenut jännityksen.

Somehow, he knew he had to do something for John Thornton.

Jostain syystä hän tiesi, että hänen oli tehtävä jotain John Thorntonin hyväksi.

People murmured with admiration at the dog's proud figure.

Ihmiset kuiskasivat ihaillen koiran ylpeää hahmoa.

He was lean and strong, without a single extra ounce of flesh.

Hän oli laiha ja vahva, ilman ainuttakaan ylimääräistä lihanpalaa.

His full weight of hundred fifty pounds was all power and endurance.

Hänen sataviisikymmentä paunaa painava kokonaisuus oli pelkkää voimaa ja kestävyyttä.

Buck's coat gleamed like silk, thick with health and strength.

Buckin turkki kiilsi kuin silkki, paksuna terveydestä ja voimasta.

The fur along his neck and shoulders seemed to lift and bristle.

Hänen kaulansa ja hartioidensa turkki tuntui kohoavan ja nousevan pörröiseksi.

His mane moved slightly, each hair alive with his great energy.

Hänen harjansa liikkui hieman, jokainen hiuskarva elossa hänen suuresta energiastaan.

His broad chest and strong legs matched his heavy, tough frame.

Hänen leveä rintakehä ja vahvat jalat sopivat yhteen hänen raskaan ja sitkeän vartalonsa kanssa.

Muscles rippled under his coat, tight and firm as bound iron.

Lihakset väreilivät hänen takkinsa alla, kireinä ja lujina kuin sidottu rauta.

Men touched him and swore he was built like a steel machine.

Miehet koskettivat häntä ja vannoivat, että hän oli kuin teräskone.

The odds dropped slightly to two to one against the great dog.

Kertoimet laskivat hieman kahteen yhteen suurta koiraa vastaan.

A man from the Skookum Benches pushed forward, stuttering.

Skookum-penkkien mies työntyi eteenpäin änkyttäen.

"Good, sir! I offer eight hundred for him — before the test, sir!"

"Hyvä, herra! Tarjoan hänestä kahdeksansataa – ennen koetta, herra!"

"Eight hundred, as he stands right now!" the man insisted.

"Kahdeksansataa, tässä kohtaa hän juuri nyt seisoo!" mies vaati.

Thornton stepped forward, smiled, and shook his head calmly.

Thornton astui eteenpäin, hymyili ja pudisti rauhallisesti päätään.

Matthewson quickly stepped in with a warning voice and frown.

Matthewson astui nopeasti esiin varoittavalla äänellä ja rypisti otsaansa.

"You must step away from him," he said. "Give him space."

– Sinun täytyy astua pois hänen luotaan, hän sanoi. – Anna hänelle tilaa.

The crowd grew silent; only gamblers still offered two to one.

Väkijoukko hiljeni; vain uhkapelurit tarjosivat edelleen kaksi yhteen.

Everyone admired Buck's build, but the load looked too great.

Kaikki ihailivat Buckin ruumiinrakennetta, mutta lasti näytti liian suurelta.

Twenty sacks of flour — each fifty pounds in weight — seemed far too much.

Kaksikymmentä säkkiä jauhoja – kukin viidenkymmenen paunan painoinen – tuntui aivan liialta.

No one was willing to open their pouch and risk their money.

Kukaan ei ollut halukas avaamaan laukkuaan ja riskeeraamaan rahojaan.

Thornton knelt beside Buck and took his head in both hands.

Thornton polvistui Buckin viereen ja otti hänen päänsä molempiin käsiinsä.

He pressed his cheek against Buck's and spoke into his ear.

Hän painoi poskensa Buckin poskea vasten ja puhui tämän korvaan.

There was no playful shaking or whispered loving insults now.

Ei enää leikkisää ravistelua tai kuiskattuja rakastavia loukkauksia.

He only murmured softly, "As much as you love me, Buck."

Hän vain kuiskasi hiljaa: "Niin paljon kuin rakastatkin minua, Buck."

Buck let out a quiet whine, his eagerness barely restrained.

Buck päästi hiljaisen vinkaisun, intohimonsa tuskin hillittynä.

The onlookers watched with curiosity as tension filled the air.

Katsojat seurasivat uteliaina jännityksen täyttäessä ilman.

The moment felt almost unreal, like something beyond reason.

Hetki tuntui lähes epätodelliselta, joltain järjettömältä.

When Thornton stood, Buck gently took his hand in his jaws.

Kun Thornton nousi seisomaan, Buck otti hänen kätensä varovasti leukojensa väliin.

He pressed down with his teeth, then let go slowly and gently.

Hän painoi hampaillaan alas ja päästi sitten irti hitaasti ja varovasti.

It was a silent answer of love, not spoken, but understood.

Se oli rakkauden hiljainen vastaus, ei sanottu ääneen, vaan ymmärretty.

Thornton stepped well back from the dog and gave the signal.

Thornton astui kauas koirasta ja antoi merkin.

"Now, Buck," he said, and Buck responded with focused calm.

"No niin, Buck", hän sanoi, ja Buck vastasi keskittyneen rauhallisesti.

Buck tightened the traces, then loosened them by a few inches.

Buck kiristi köysiä ja löysäsi niitä sitten muutaman sentin.

This was the method he had learned; his way to break the sled.

Tämän menetelmän hän oli oppinut; hänen tapansa rikkoa reki.

"Gee!" Thornton shouted, his voice sharp in the heavy silence.

"Voi ei!" Thornton huusi terävällä äänellä raskaassa hiljaisuudessa.

Buck turned to the right and lunged with all of his weight.

Buck kääntyi oikealle ja syöksyi koko painollaan.

The slack vanished, and Buck's full mass hit the tight traces.

Löysäys katosi, ja Buckin koko massa osui tiukkoihin köysiin.

The sled trembled, and the runners made a crisp crackling sound.

Reki tärisi ja jalaksista kuului napsahdus.

"Haw!" Thornton commanded, shifting Buck's direction again.

"Hau!" Thornton komensi ja muutti jälleen Buckin suuntaa.

Buck repeated the move, this time pulling sharply to the left.

Buck toisti liikkeen, tällä kertaa vetäen jyrkästi vasemmalle.

The sled cracked louder, the runners snapping and shifting.

Kelkka rätisi kovempaa, jalakset napsahtivat ja siirtyivät.

The heavy load slid slightly sideways across the frozen snow.

Raskas kuorma liukui hieman sivuttain jäätyneen lumen poikki.

The sled had broken free from the grip of the icy trail!

Kelkka oli irronnut jäisen polun otteesta!

Men held their breath, unaware they were not even breathing.

Miehet pidättivät hengitystään tietämättä, etteivät he edes hengittäneet.

"Now, PULL!" Thornton cried out across the frozen silence.

"Nyt, VEDÄ!" Thornton huusi jäätyneen hiljaisuuden läpi.

Thornton's command rang out sharp, like the crack of a whip.

Thorntonin käsky kajahti terävästi, kuin ruoskan läiskähdys.

Buck hurled himself forward with a fierce and jarring lunge.

Buck syöksyi eteenpäin raivokkaalla ja rajulla syöksyllä.

His whole frame tensed and bunched for the massive strain.

Koko hänen ruumiinsa jännittyi ja kouristeli valtavan rasituksen alla.

Muscles rippled under his fur like serpents coming alive.

Lihakset väreilivät hänen turkkinsa alla kuin eloon heräävät käärmeet.

His great chest was low, head stretched forward toward the sled.

Hänen suuri rintakehä oli alhaalla, pää ojennettuna eteenpäin kohti rekeä.

His paws moved like lightning, claws slicing the frozen ground.

Hänen käpälänsä liikkuivat kuin salama, kynnet viilsivät jäätynyttä maata.

Grooves were cut deep as he fought for every inch of traction.

Urat leikattiin syviin, kun hän taisteli jokaisesta pidosta.

The sled rocked, trembled, and began a slow, uneasy motion.

Reki keinui, tärisi ja alkoi liikkua hitaasti ja epävakaasti.

One foot slipped, and a man in the crowd groaned aloud.

Toinen jalka lipesi, ja mies väkijoukossa voihkaisi ääneen.

Then the sled lunged forward in a jerking, rough movement.
Sitten reki syöksyi eteenpäin nykivällä, karkealla liikkeellä.
It didn't stop again—half an inch...an inch...two inches more.
Se ei pysähtynyt taas – puoli tuumaa... tuuma... viisi tuumaa
lisää.
The jerks became smaller as the sled began to gather speed.
Nykäykset loivenivat kelkan alkaessa kiihtyä.
Soon Buck was pulling with smooth, even, rolling power.
Pian Buck veti tasaisesti ja pehmeästi.
Men gasped and finally remembered to breathe again.
Miehet haukkoivat henkeään ja muistivat vihdoin hengittää
uudelleen.
They had not noticed their breath had stopped in awe.
He eivät olleet huomanneet hengityksensä pysähtyneen pelon
vallassa.
Thornton ran behind, calling out short, cheerful commands.
Thornton juoksi perässä huutaen lyhyitä, iloisia käskyjä.
Ahead was a stack of firewood that marked the distance.
Edessä oli polttopuiden pino, joka merkitsi etäisyyttä.
As Buck neared the pile, the cheering grew louder and
louder.
Buckin lähestyessä kasaa hurraaminen voimistui yhä.
The cheering swelled into a roar as Buck passed the end
point.
Riemuhuuto paisui karjunnaksi Buckin ohittaessa
päätepisteen.
Men jumped and shouted, even Matthewson broke into a
grin.
Miehet hyppivät ja huusivat, jopa Matthewson virnisti.
Hats flew into the air, mittens were tossed without thought
or aim.
Hatut lensivät ilmaan, lapaset heiteltiin ajattelematta tai
tähtäämättä.
Men grabbed each other and shook hands without knowing
who.
Miehet tarttuivat toisiinsa ja kättelivät tietämättä ketä.
The whole crowd buzzed in wild, joyful celebration.

Koko väkijoukko surisi villisti, iloisesti juhlien.

Thornton dropped to his knees beside Buck with trembling hands.

Thornton polvistui Buckin viereen vapisevin käsin.

He pressed his head to Buck's and shook him gently back and forth.

Hän painoi päänsä Buckin päätä vasten ja ravisteli tätä hellästi edestakaisin.

Those who approached heard him curse the dog with quiet love.

Lähestyjät kuulivat hänen kiroilevan koiraa hiljaisella rakkaudella.

He swore at Buck for a long time — softly, warmly, with emotion.

Hän kirosi Buckille pitkään – hiljaa, lämpimästi ja liikuttuneesti.

"Good, sir! Good, sir!" cried the Skookum Bench king in a rush.

"Hyvä on, herra! Hyvä on, herra!" huudahti Skookum-penkin kuningas kiireesti.

"I'll give you a thousand — no, twelve hundred — for that dog, sir!"

"Annan teille tuhat – ei, kaksitoistasataa – tuosta koirasta, herra!"

Thornton rose slowly to his feet, his eyes shining with emotion.

Thornton nousi hitaasti jaloilleen, silmät liikutuksesta säihkyen.

Tears streamed openly down his cheeks without any shame.

Kyyneleet valuivat avoimesti hänen poskiaan pitkin ilman minkäänlaista häpeää.

"Sir," he said to the Skookum Bench king, steady and firm

"Herra", hän sanoi Skookum-penkin kuninkaalle vakaasti ja lujasti

"No, sir. You can go to hell, sir. That's my final answer."

"Ei, herra. Voitte painua helvettiin, herra. Se on lopullinen vastaukseni."

Buck grabbed Thornton's hand gently in his strong jaws.
Buck tarttui Thorntonin käteen hellästi vahvoilla leukoillaan.
Thornton shook him playfully, their bond deep as ever.
Thornton ravisteli häntä leikkisästi, heidän siteensä oli yhtä
syvä kuin aina ennenkin.
The crowd, moved by the moment, stepped back in silence.
Hetken liikuttama väkijoukko astui taaksepäin hiljaa.
From then on, none dared interrupt such sacred affection.
Siitä lähtien kukaan ei uskaltanut keskeyttää tuota pyhää
kiintymystä.

The Sound of the Call
Kutsun ääni

Buck had earned sixteen hundred dollars in five minutes.
Buck oli ansainnut kuusitoistasataa dollaria viidessä
minuutissa.
The money let John Thornton pay off some of his debts.
Rahan avulla John Thornton pystyi maksamaan osan
veloistaan.
With the rest of the money he headed East with his partners.
Loput rahat hän suuntasi itään kumppaneidensa kanssa.
They sought a fabled lost mine, as old as the country itself.
He etsivät tarunhohtoista kadonnutta kaivosta, yhtä vanhaa
kuin itse maa.
**Many men had looked for the mine, but few had ever found
it.**
Monet miehet olivat etsineet kaivosta, mutta harvat olivat sitä
koskaan löytäneet.
**More than a few men had vanished during the dangerous
quest.**
Useampi kuin yksi mies oli kadonnut vaarallisen tehtävän
aikana.
**This lost mine was wrapped in both mystery and old
tragedy.**
Tämä kadonnut kaivos oli kietoutunut sekä mysteerin että
vanhan tragedian sisään.
No one knew who the first man to find the mine had been.
Kukaan ei tiennyt, kuka oli ollut ensimmäinen kaivoksen
löytänyt mies.
The oldest stories don't mention anyone by name.
Vanhimmissa tarinoissa ei mainita ketään nimeltä.
There had always been an ancient ramshackle cabin there.
Siellä on aina ollut vanha, ränsistynyt mökki.
**Dying men had sworn there was a mine next to that old
cabin.**
Kuolevat miehet olivat vannoneet, että tuon vanhan mökin
vieressä oli kaivos.

They proved their stories with gold like none found
elsewhere.
He todistivat tarinansa kullalla, jollaista ei löydetty mistään
muualta.
No living soul had ever looted the treasure from that place.
Yksikään elävä sielu ei ollut koskaan ryöstänyt aarretta siitä
paikasta.
The dead were dead, and dead men tell no tales.
Kuolleet olivat kuolleita, eivätkä kuolleet kerro tarinoita.
So Thornton and his friends headed into the East.
Niinpä Thornton ja hänen ystävänsä suuntasivat itään.
Pete and Hans joined, bringing Buck and six strong dogs.
Pete ja Hans liittyivät mukaan ja toivat Buckin ja kuusi vahvaa
koiraa.
They set off down an unknown trail where others had
failed.
He lähtivät tuntemattomalle polulle, jolla muut olivat
epäonnistuneet.
They sledded seventy miles up the frozen Yukon River.
He pulkkaisivat seitsemänkymmentä mailia jäätynyttä Yukon-
jokea pitkin.
They turned left and followed the trail into the Stewart.
He kääntyivät vasemmalle ja seurasivat polkua Stewart-
jokeen.
They passed the Mayo and McQuestion, pressing farther on.
He ohittivat Mayon ja McQuestionin ja jatkoivat matkaansa
yhä pidemmälle.
The Stewart shrank into a stream, threading jagged peaks.
Stewart-joki kutistui puroksi, joka kiemurteli terävien
huippujen läpi.
These sharp peaks marked the very spine of the continent.
Nämä terävät huiput muodostivat mantereen selkärangan.
John Thornton demanded little from men or the wild land.
John Thornton vaati miehiltä tai erämaalta vain vähän.
He feared nothing in nature and faced the wild with ease.
Hän ei pelännyt mitään luonnossa ja kohtasi villin luonnon
helposti.

With only salt and a rifle, he could travel where he wished.
Vain suolan ja kiväärin avulla hän saattoi matkustaa minne
halusi.
Like the natives, he hunted food while he journeyed along.
Kuten alkuasukkaat, hän metsästi ruokaa matkansa aikana.
If he caught nothing, he kept going, trusting luck ahead.
Jos hän ei saanut mitään kiinni, hän jatkoi matkaa luottaen
onneen edessään.
On this long journey, meat was the main thing they ate.
Tällä pitkällä matkalla liha oli heidän pääruokansa.
The sled held tools and ammo, but no strict timetable.
Reessä oli työkaluja ja ammuksia, mutta ei tarkkaa aikataulua.
Buck loved this wandering; the endless hunt and fishing.
Buck rakasti tätä vaeltelua; loputonta metsästystä ja
kalastusta.
For weeks they were traveling day after steady day.
Viikkokausia he matkustivat päivästä toiseen tasaisesti.
Other times they made camps and stayed still for weeks.
Toisinaan he leiriytyivät ja pysyivät paikoillaan viikkoja.
The dogs rested while the men dug through frozen dirt.
Koirat lepäsivät miesten kaivaessa jäätynyttä maata.
They warmed pans over fires and searched for hidden gold.
He lämmittivät pannuja nuotioiden päällä ja etsivät piilotettua
kultaa.
Some days they starved, and some days they had feasts.
Joinakin päivinä he näkivät nälkää, ja joinakin päivinä heillä
oli juhlia.
Their meals depended on the game and the luck of the hunt.
Heidän ateriansa riippuivat riistasta ja metsästysonnesta.
When summer came, men and dogs packed loads on their
backs.
Kesän tullen miehet ja koirat pakkasivat taakkoja selälleen.
They rafted across blue lakes hidden in mountain forests.
He laskivat koskenlaskua vuoristometsien piilossa olevien
sinisten järvien yli.
They sailed slim boats on rivers no man had ever mapped.

He purjehtivat hoikilla veneillä joilla, joita kukaan ei ollut koskaan kartoittanut.

Those boats were built from trees they sawed in the wild.

Nuo veneet rakennettiin puista, joita he sahasivat luonnossa.

The months passed, and they twisted through the wild unknown lands.

Kuukaudet kuluivat, ja he kiertelivät tuntemattomien ja villien maiden halki.

There were no men there, yet old traces hinted that men had been.

Siellä ei ollut miehiä, mutta vanhat jäljet viittasivat siihen, että miehiä oli ollut.

If the Lost Cabin was real, then others had once come this way.

Jos Kadonnut mökki oli todellinen, niin muitakin oli joskus tullut tätä tietä.

They crossed high passes in blizzards, even during the summer.

He ylittivät korkeita solanpätkiä lumimyrskyissä, jopa kesällä.

They shivered under the midnight sun on bare mountain slopes.

He hytisivät keskiyön auringon alla paljailla vuorenrinteillä.

Between the treeline and the snowfields, they climbed slowly.

Puunrajan ja lumikenttien välissä he kiipesivät hitaasti.

In warm valleys, they swatted at clouds of gnats and flies.

Lämpimissä laaksoissa ne läpsyttelivät hyttys- ja kärpäspilviä.

They picked sweet berries near glaciers in full summer bloom.

He poimivat makeita marjoja jäätiköiden läheltä täydessä kesäkukinnossa.

The flowers they found were as lovely as those in the Southland.

Heidän löytämänsä kukat olivat yhtä ihania kuin Etelämaassa.

That fall they reached a lonely region filled with silent lakes.

Sinä syksynä he saapuivat yksinäiselle seudulle, joka oli
täynnä hiljaisia järviä.
**The land was sad and empty, once alive with birds and
beasts.**
Maa oli surullinen ja tyhjä, kerran täynnä lintuja ja eläimiä.
**Now there was no life, just the wind and ice forming in
pools.**
Nyt ei ollut elämää, vain tuuli ja altaisiin muodostuva jää.
**Waves lapped against empty shores with a soft, mournful
sound.**
Aallot liplattivat tyhjiä rantoja vasten pehmeällä, surullisella
äänellä.

**Another winter came, and they followed faint, old trails
again.**
Uusi talvi tuli, ja he seurasivat jälleen vanhoja, himmeitä
jälkiä.
**These were the trails of men who had searched long before
them.**
Nämä olivat niiden miesten jälkiä, jotka olivat etsineet jo
kauan ennen heitä.
Once they found a path cut deep into the dark forest.
Kerran he löysivät polun, joka johti syvälle pimeään metsään.
It was an old trail, and they felt the lost cabin was close.
Se oli vanha polku, ja heistä tuntui, että kadonnut mökki oli
lähellä.
But the trail led nowhere and faded into the thick woods.
Mutta polku ei johtanut mihinkään ja katosi tiheään metsään.
Whoever made the trail, and why they made it, no one knew.
Kuka polun oli tehnyt ja miksi, sitä ei tiennyt kukaan.
**Later, they found the wreck of a lodge hidden among the
trees.**
Myöhemmin he löysivät puiden välistä piilossa olevan majan
rauniot.
**Rotting blankets lay scattered where someone once had
slept.**

Mädäntyneet peitot lojuivat hajallaan paikoissa, joissa joku oli kerran nukkunut.

John Thornton found a long-barreled flintlock buried inside.

John Thornton löysi sisältä pitkäpiippuisen piilukon.

He knew this was a Hudson Bay gun from early trading days.

Hän tiesi, että kyseessä oli Hudson Bayn ase jo kaupankäynnin alkuajoilta.

In those days such guns were traded for stacks of beaver skins.

Noina päivinä tällaisia aseita vaihdettiin majavannahkapinoihin.

That was all—no clue remained of the man who built the lodge.

Siinä kaikki – majan rakentaneesta miehestä ei ollut jäljellä mitään johtolankaa.

Spring came again, and they found no sign of the Lost Cabin.

Kevät tuli jälleen, eivätkä he löytäneet merkkiäkään Kadonneesta Mökistä.

Instead they found a broad valley with a shallow stream.

Sen sijaan he löysivät leveän laakson, jossa oli matala puro.

Gold lay across the pan bottoms like smooth, yellow butter.

Kulta lepäsi pannujen pohjilla kuin sileää, keltaista voita.

They stopped there and searched no farther for the cabin.

He pysähtyivät siihen eivätkä etsineet mökkiä enempää.

Each day they worked and found thousands in gold dust.

Joka päivä he työskentelivät ja löysivät tuhansia kultapölyä.

They packed the gold in bags of moose-hide, fifty pounds each.

He pakkasivat kullan hirvennahkasäkkeihin, viisikymmentä puntaa kappale.

The bags were stacked like firewood outside their small lodge.

Laukut oli pinottu kuin polttopuut heidän pienen majansa ulkopuolella.

They worked like giants, and the days passed like quick dreams.

He työskentelivät kuin jättiläiset, ja päivät kuluivat kuin nopeasti unissa.

They heaped up treasure as the endless days rolled swiftly by.

He kasasivat aarteita loputtomien päivien vieridessä nopeasti.

There was little for the dogs to do except haul meat now and then.

Koirilla ei ollut juurikaan tekemistä, paitsi silloin tällöin kuljettaa lihaa.

Thornton hunted and killed the game, and Buck lay by the fire.

Thornton metsästi ja tappoi riistan, ja Buck makasi tulen ääressä.

He spent long hours in silence, lost in thought and memory.

Hän vietti pitkiä tunteja hiljaisuudessa, uppoutuneena ajatuksiinsa ja muistoihinsa.

The image of the hairy man came more often into Buck's mind.

Karvaisen miehen kuva tuli yhä useammin Buckin mieleen.

Now that work was scarce, Buck dreamed while blinking at the fire.

Nyt kun työtä oli vähän, Buck unelmoi räpytellen silmiään tulelle.

In those dreams, Buck wandered with the man in another world.

Noissa unissa Buck vaelsi miehen kanssa toisessa maailmassa.

Fear seemed the strongest feeling in that distant world.

Pelko tuntui olevan voimakkain tunne tuossa kaukaisessa maailmassa.

Buck saw the hairy man sleep with his head bowed low.

Buck näki karvaisen miehen nukkuvan pää painuksissa.

His hands were clasped, and his sleep was restless and broken.

Hänen kätensä olivat ristissä, ja hänen unensa oli levotonta ja katkonaista.

He used to wake with a start and stare fearfully into the dark.

Hän heräsi usein säpsähtäen ja tuijotti pelokkaasti pimeyteen.

Then he'd toss more wood onto the fire to keep the flame bright.

Sitten hän heitti lisää puuta tuleen pitääkseen liekin kirkkaana.

Sometimes they walked along a beach by a gray, endless sea.

Joskus he kävelivät hiekkarantaa pitkin harmaan, loputtoman meren äärellä.

The hairy man picked shellfish and ate them as he walked.

Karvainen mies poimi äyriäisiä ja söi niitä kävellessään.

His eyes searched always for hidden dangers in the shadows.

Hänen silmänsä etsivät aina varjoista piilossa olevia vaaroja.

His legs were always ready to sprint at the first sign of threat.

Hänen jalkansa olivat aina valmiina juoksemaan ensimmäisen uhkan merkistä.

They crept through the forest, silent and wary, side by side.

He hiipivät metsän läpi hiljaa ja varovaisesti, rinnakkain.

Buck followed at his heels, and both of them stayed alert.

Buck seurasi hänen kannoillaan, ja molemmat pysyivät valppaina.

Their ears twitched and moved, their noses sniffed the air.

Heidän korvansa nykivät ja liikkuivat, heidän nenänsä nuuhkivat ilmaa.

The man could hear and smell the forest as sharply as Buck.

Mies kuuli ja haistoi metsän yhtä tarkasti kuin Buck.

The hairy man swung through the trees with sudden speed.

Karvainen mies syöksyi puiden läpi äkillisellä vauhdilla.

He leapt from branch to branch, never missing his grip.

Hän hyppi oksalta oksalle, otteestaan huolimatta.

He moved as fast above the ground as he did upon it.

Hän liikkui yhtä nopeasti maanpinnan yläpuolella kuin sen päälläkin.

Buck remembered long nights beneath the trees, keeping watch.

Buck muisti pitkät yöt puiden alla, jolloin hän piti vahtia.

The man slept roosting in the branches, clinging tight.

Mies nukkui oksissa tiukasti roikkuen yöllä.

This vision of the hairy man was tied closely to the deep call.

Tämä karvaisen miehen näky oli läheisesti sidoksissa syvään kutsuun.

The call still sounded through the forest with haunting force.

Kutsu kaikui yhä metsän läpi aavemaisen voimakkaasti.

The call filled Buck with longing and a restless sense of joy.

Kutsu täytti Buckin kaipauksella ja levottomalla ilon tunteella.

He felt strange urges and stirrings that he could not name.

Hän tunsi outoja mielitekoja ja tunteita, joita hän ei osannut nimetä.

Sometimes he followed the call deep into the quiet woods.

Joskus hän seurasi kutsua syvälle hiljaiseen metsään.

He searched for the calling, barking softly or sharply as he went.

Se etsi kutsuääntä haukkuen hiljaa tai terävästi kulkiessaan.

He sniffed the moss and black soil where the grasses grew.

Hän nuuhki sammalta ja mustaa multaa, missä ruohot kasvoivat.

He snorted with delight at the rich smells of the deep earth.

Hän huokaisi ihastuksesta syvän maan rikkaille tuoksuille.

He crouched for hours behind trunks covered in fungus.

Hän kyykistyi tuntikausia sienen peittämien runkojen takana.

He stayed still, listening wide-eyed to every tiny sound.

Hän pysyi paikallaan, kuunnellen silmät suurina jokaista pientä ääntä.

He may have hoped to surprise the thing that gave the call.

Hän on ehkä toivonut yllättävänsä sen, joka soitti.

He did not know why he acted this way—he simply did.

Hän ei tiennyt, miksi hän toimi näin – hän yksinkertaisesti ymmärsi.

The urges came from deep within, beyond thought or reason.

Ne himot tulivat syvältä sisimmästä, ajatuksen tai järjen tuolta puolen.

Irresistible urges took hold of Buck without warning or reason.

Vastustamattomat halut valtasivat Buckin varoittamatta tai syytä.

At times he was dozing lazily in camp under the midday heat.

Välillä hän torkkui laiskasti leirissä keskipäivän kuumuudessa.

Suddenly, his head lifted and his ears shoot up alert.

Yhtäkkiä hänen päänsä nousi ja korvat nousivat pystyyn valppaina.

Then he sprang up and dash into the wild without pause.

Sitten hän hyppäsi ylös ja syöksyi tauotta erämaahan.

He ran for hours through forest paths and open spaces.

Hän juoksi tuntikausia metsäpolkuja ja avoimia paikkoja pitkin.

He loved to follow dry creek beds and spy on birds in the trees.

Hän rakasti seurata kuivia purouomia ja vakoilla lintuja puissa.

He could lie hidden all day, watching partridges strut around.

Hän voisi maata piilossa koko päivän ja katsella peltopyiden tepastelevan ympäriinsä.

They drummed and marched, unaware of Buck's still presence.

He rummuttivat ja marssivat tietämättöminä Buckin yhä läsnäolosta.

But what he loved most was running at twilight in summer.

Mutta eniten hän rakasti juosta kesähämärässä.

The dim light and sleepy forest sounds filled him with joy.

Hämärä valo ja uneliaat metsän äänet täyttivät hänet ilolla.
He read the forest signs as clearly as a man reads a book.
Hän luki metsän merkkejä yhtä selvästi kuin mies lukee kirjaa.
And he searched always for the strange thing that called him.
Ja hän etsi aina sitä outoa asiaa, joka häntä kutsui.
That calling never stopped—it reached him waking or sleeping.
Tuo kutsu ei koskaan lakannut – se tavoitti hänet sekä valveilla että nukkuessaan.

One night, he woke with a start, eyes sharp and ears high.
Eräänä yönä hän heräsi säpsähtäen, silmät terävät ja korvat pystyssä.
His nostrils twitched as his mane stood bristling in waves.
Hänen sieraimensa nytkähtivät harjan aaltojen pörrössä.
From deep in the forest came the sound again, the old call.
Syvältä metsästä kuului taas ääni, vanha kutsu.
This time the sound rang clearly, a long, haunting, familiar howl.
Tällä kertaa ääni kaikui selkeästi, pitkä, kummitteleva, tuttu ulvonta.
It was like a husky's cry, but strange and wild in tone.
Se oli kuin huskyn huuto, mutta ääneltään outo ja villi.
Buck knew the sound at once—he had heard the exact sound long ago.
Buck tunsi äänen heti – hän oli kuullut saman äänen kauan sitten.
He leapt through camp and vanished swiftly into the woods.
Hän hyppäsi leirin läpi ja katosi nopeasti metsään.
As he neared the sound, he slowed and moved with care.
Äänen lähestyessä hän hidasti vauhtia ja liikkui varovasti.
Soon he reached a clearing between thick pine trees.
Pian hän saapui aukiolle tiheiden mäntyjen väliin.
There, upright on its haunches, sat a tall, lean timber wolf.
Siellä, kyykyssään pystyssä, istui pitkä, laiha puumainen susi.
The wolf's nose pointed skyward, still echoing the call.

Suden kuono osoitti taivasta kohti, yhä toistaen kutsua.
Buck had made no sound, yet the wolf stopped and listened.
Buck ei ollut päästänyt ääntäkään, mutta susi pysähtyi ja
kuunteli.
Sensing something, the wolf tensed, searching the darkness.
Aistiessaan jotakin susi jännittyi ja etsi pimeyttä.
Buck crept into view, body low, feet quiet on the ground.
Buck hiipi näkyviin, vartalo matalana, jalat liikkumatta
maassa.
His tail was straight, his body coiled tight with tension.
Hänen häntänsä oli suora ja ruumis jännityksestä tiukasti
kiertynyt.
He showed both threat and a kind of rough friendship.
Hän osoitti sekä uhkaa että eräänlaista karua ystävyyttä.
It was the wary greeting shared by beasts of the wild.
Se oli varovainen tervehdys, jonka villieläimet jakavat.
But the wolf turned and fled as soon as it saw Buck.
Mutta susi kääntyi ja pakeni heti nähtyään Buckin.
Buck gave chase, leaping wildly, eager to overtake it.
Buck lähti takaa-ajoon hyppien villisti, innokkaana
saavuttamaan sen.
**He followed the wolf into a dry creek blocked by a timber
jam.**
Hän seurasi sutta kuivaan puroon, jonka puupato oli tukkinut.
Cornered, the wolf spun around and stood its ground.
Nurkkaan ajettuna susi pyörähti ympäri ja pysyi ennallaan.
**The wolf snarled and snapped like a trapped husky dog in a
fight.**
Susi murahti ja ärähti kuin tappelussa loukkuun jäänyt
huskykoira.
**The wolf's teeth clicked fast, its body bristling with wild
fury.**
Suden hampaat naksahtivat nopeasti, sen ruumis täynnä villiä
raivoa.
**Buck did not attack but circled the wolf with careful
friendliness.**

Buck ei hyökännyt, vaan kiersi suden varovaisen
ystävällisesti.
He tried to block his escape by slow, harmless movements.
Hän yritti estää pakoaan hitailla, vaarattomilla liikkeillä.
The wolf was wary and scared — Buck outweighed him three
times.
Susi oli varovainen ja peloissaan – Buck oli sitä kolme kertaa
painavampi.
The wolf's head barely reached up to Buck's massive
shoulder.
Suden pää ulottui tuskin Buckin massiiviseen olkapäähän asti.
Watching for a gap, the wolf bolted and the chase began
again.
Susi tähyili aukkoa, karkasi ja takaa-ajo alkoi uudelleen.
Several times Buck cornered him, and the dance repeated.
Buck ajoi hänet nurkkaan useita kertoja, ja tanssi toistui.
The wolf was thin and weak, or Buck could not have caught
him.
Susi oli laiha ja heikko, tai muuten Buck ei olisi saanut sitä
kiinni.
Each time Buck drew near, the wolf spun and faced him in
fear.
Joka kerta kun Buck lähestyi, susi pyörähti ympäri ja kääntyi
peloissaan häntä kohti.
Then at the first chance, he dashed off into the woods once
more.
Sitten ensimmäisen tilaisuuden tullen hän syöksyi jälleen
metsään.
But Buck did not give up, and finally the wolf came to trust
him.
Mutta Buck ei luovuttanut, ja lopulta susi alkoi luottaa
häneen.
He sniffed Buck's nose, and the two grew playful and alert.
Hän nuuhki Buckin nenää, ja heistä tuli leikkisiä ja valppaita.
They played like wild animals, fierce yet shy in their joy.
Ne leikkivät kuin villieläimet, raivokkaita mutta ilossaan ujoja.
After a while, the wolf trotted off with calm purpose.

Hetken kuluttua susi ravaili pois rauhallisen määrätietoisena.
He clearly showed Buck that he meant to be followed.
Hän osoitti selvästi Buckille, että tätä seurattiin.
They ran side by side through the twilight gloom.
He juoksivat rinnakkain hämärän hämärtyessä.
They followed the creek bed up into the rocky gorge.
He seurasivat purouomaa ylös kallioiseen rotkoon.
They crossed a cold divide where the stream had begun.
He ylittivät kylmän vedenjakajan siitä, mistä virta oli alkanut.
On the far slope they found wide forest and many streams.
Kaukaiselta rinteeltä he löysivät laajan metsän ja monia puroja.
Through this vast land, they ran for hours without stopping.
Tämän valtavan maan halki he juoksivat tuntikausia pysähtymättä.
The sun rose higher, the air grew warm, but they ran on.
Aurinko nousi korkeammalle, ilma lämpeni, mutta he jatkoivat juoksuaan.
Buck was filled with joy—he knew he was answering his calling.
Buck oli täynnä iloa – hän tiesi vastaavansa kutsumukseensa.
He ran beside his forest brother, closer to the call's source.
Hän juoksi metsäveljensä rinnalla, lähemmäs kutsun lähdettä.
Old feelings returned, powerful and hard to ignore.
Vanhat tunteet palasivat, voimakkaina ja vaikeasti sivuutettavissa.
These were the truths behind the memories from his dreams.
Nämä olivat totuudet hänen uniemuistojensa takana.
He had done all this before in a distant and shadowy world.
Hän oli tehnyt kaiken tämän aiemminkin kaukaisessa ja varjoisassa maailmassa.
Now he did this again, running wild with the open sky above.
Nyt hän teki tämän taas, juosten villisti avoimen taivaan alla.
They stopped at a stream to drink from the cold flowing water.
He pysähtyivät puroon juomaan kylmää, virtaavaa vettä.

As he drank, Buck suddenly remembered John Thornton.

Juodessaan Buck muisti yhtäkkiä John Thorntonin.

He sat down in silence, torn by the pull of loyalty and the calling.

Hän istuutui hiljaa, uskollisuuden ja kutsumuksen hurmaamana.

The wolf trotted on, but came back to urge Buck forward.

Susi jatkoi ravaamistaan, mutta palasi takaisin kannustamaan Buckia eteenpäin.

He sniffed his nose and tried to coax him with soft gestures.

Hän nuuhkaisi tämän nenää ja yritti houkutella tätä pehmeillä eleillä.

But Buck turned around and started back the way he came.

Mutta Buck kääntyi ympäri ja lähti takaisin samaa tietä.

The wolf ran beside him for a long time, whining quietly.

Susi juoksi pitkään hänen vierellään hiljaa vinkuen.

Then he sat down, raised his nose, and let out a long howl.

Sitten hän istuutui alas, nosti kuonoaan ja päästi pitkän ulvonnan.

It was a mournful cry, softening as Buck walked away.

Se oli surullinen huuto, joka pehmeni Buckin kävellessä pois.

Buck listened as the sound of the cry faded slowly into the forest silence.

Buck kuunteli, kuinka huudon ääni hitaasti vaimeni metsän hiljaisuuteen.

John Thornton was eating dinner when Buck burst into the camp.

John Thornton söi päivällistä, kun Buck ryntäsi leiriin.

Buck leapt upon him wildly, licking, biting, and tumbling him.

Buck hyökkäsi villisti hänen kimppuunsa nuoleskellen, purren ja kaataen häntä.

He knocked him over, scrambled on top, and kissed his face.

Hän kaatoi hänet, kiipesi hänen päälleen ja suukotti hänen kasvojaan.

Thornton called this "playing the general tom-fool" with affection.

Thornton kutsui tätä kiintymyksellä "yleisen typeryksen leikkimiseksi".

All the while, he cursed Buck gently and shook him back and forth.

Koko ajan hän kirosi Buckia lempeästi ja ravisteli tätä edestakaisin.

For two whole days and nights, Buck never left the camp once.

Kahteen kokonaiseen päivään ja yöhön Buck ei poistunut leiristä kertaakaan.

He kept close to Thornton and never let him out of his sight.

Hän pysytteli lähellä Thorntonia eikä koskaan päästänyt tätä näkyvistä.

He followed him as he worked and watched him while he ate.

Hän seurasi häntä tämän työskennellessä ja katseli häntä syödessään.

He saw Thornton into his blankets at night and out each morning.

Hän näki Thorntonin peittojensa sisällä öisin ja ulkona joka aamu.

But soon the forest call returned, louder than ever before.

Mutta pian metsän kutsu palasi, kovempana kuin koskaan ennen.

Buck grew restless again, stirred by thoughts of the wild wolf.

Buck levottomaksi tuli jälleen, ajatusten herättämänä villisusesta.

He remembered the open land and running side by side.

Hän muisti avoimen maan ja rinnakkain juoksemisen.

He began wandering into the forest once more, alone and alert.

Hän alkoi jälleen vaeltaa metsään, yksin ja valppaana.

But the wild brother did not return, and the howl was not heard.

Mutta villiveli ei palannut, eikä ulvontaa kuulunut.

Buck started sleeping outside, staying away for days at a time.
Buck alkoi nukkua ulkona, pysyen poissa päiväkausia kerrallaan.
Once he crossed the high divide where the creek had begun.
Kerran hän ylitti korkean vedenjakajan, josta puro oli alkanut.
He entered the land of dark timber and wide flowing streams.
Hän astui tumman puun ja leveiden purojen maahan.
For a week he roamed, searching for signs of the wild brother.
Viikon ajan hän vaelteli etsien merkkejä villistä veljestään.
He killed his own meat and travelled with long, tireless strides.
Hän teurasti oman saaliinsa ja kulki pitkin, väsymättömin askelin.
He fished for salmon in a wide river that reached the sea.
Hän kalasti lohta leveässä joessa, joka ulottui mereen.
There, he fought and killed a black bear maddened by bugs.
Siellä hän taisteli ja tappoi ötököiden raivostuttaman mustakarhun.
The bear had been fishing and ran blindly through the trees.
Karhu oli kalastanut ja juossut sokkona puiden läpi.
The battle was a fierce one, waking Buck's deep fighting spirit up.
Taistelu oli raju ja herätti Buckin syvän taistelutahtoisuuden.
Two days later, Buck returned to find wolverines at his kill.
Kaksi päivää myöhemmin Buck palasi ja löysi saaliiltaan ahmoja.
A dozen of them quarreled over the meat in noisy fury.
Tusina heistä riiteli lihasta äänekkäästi ja raivokkaasti.
Buck charged and scattered them like leaves in the wind.
Buck hyökkäsi ja hajotti heidät kuin lehdet tuuleen.
Two wolves remained behind—silent, lifeless, and unmoving forever.
Kaksi sutta jäi jäljelle – hiljaa, elottomasti ja liikkumatta ikuisesti.

The thirst for blood grew stronger than ever.
Verenhimo voimistui entisestään.
Buck was a hunter, a killer, feeding off living creatures.
Buck oli metsästäjä, tappaja, joka söi eläviä olentoja.
He survived alone, relying on his strength and sharp senses.
Hän selvisi yksin, luottaen voimiinsa ja teräviin aisteihinsa.
He thrived in the wild, where only the toughest could live.
Hän viihtyi luonnossa, jossa vain kestävimmät pystyivät
elämään.
From this, a great pride rose up and filled Buck's whole
being.
Tästä nousi suuri ylpeys ja täytti koko Buckin olemuksen.
His pride showed in his every step, in the ripple of every
muscle.
Hänen ylpeytensä näkyi jokaisella askeleella, jokaisen lihaksen
väreilyssä.
His pride was as clear as speech, seen in how he carried
himself.
Hänen ylpeytensä oli yhtä selkeä kuin sanat, ja se näkyi hänen
käyttäytymisessään.
Even his thick coat looked more majestic and gleamed
brighter.
Jopa hänen paksu turkkinsa näytti majesteettisemmalta ja
kiilsi kirkkaammin.
Buck could have been mistaken for a giant timber wolf.
Buckia olisi voitu erehtyä luulemaan jättimäiseksi
metsäsudeksi.
Except for brown on his muzzle and spots above his eyes.
Paitsi ruskea kuonossa ja täplät silmien yläpuolella.
And the white streak of fur that ran down the middle of his
chest.
Ja valkoinen karvajuova, joka kulki hänen rintansa keskeltä.
He was even larger than the biggest wolf of that fierce breed.
Hän oli jopa suurempi kuin tuon raivokkaan rodun suurin
susi.
His father, a St. Bernard, gave him size and heavy frame.

Hänen isänsä, bernhardiinikoira, antoi hänelle koon ja rotevan rungon.

His mother, a shepherd, shaped that bulk into wolf-like form.

Hänen äitinsä, paimen, muovasi tuon massan suden kaltaiseksi.

He had the long muzzle of a wolf, though heavier and broader.

Hänellä oli suden pitkä kuono, vaikkakin painavampi ja leveämpi.

His head was a wolf's, but built on a massive, majestic scale.

Hänen päänsä oli suden, mutta rakennettu massiiviseen, majesteettiseen mittakaavaan.

Buck's cunning was the cunning of the wolf and of the wild.

Buckin viekkaus oli suden ja erämaan viekkautta.

His intelligence came from both the German Shepherd and St. Bernard.

Hänen älykkyytensä tuli sekä saksanpaimenkoiralta että bernhardiinkoiralta.

All this, plus harsh experience, made him a fearsome creature.

Kaikki tämä ja karut kokemukset tekivät hänestä pelottavan olennon.

He was as formidable as any beast that roamed the northern wild.

Hän oli yhtä pelottava kuin mikä tahansa pohjoisen erämaassa vaeltava peto.

Living only on meat, Buck reached the full peak of his strength.

Pelkästään lihaa syöden Buck saavutti voimiensa huipun.

He overflowed with power and male force in every fiber of him.

Hän pursui voimaa ja miehistä voimaa jokaisessa solussaan.

When Thornton stroked his back, the hairs sparked with energy.

Kun Thornton silitti hänen selkäänsä, karvat leimahtivat energiasta.

Each hair crackled, charged with the touch of living magnetism.

Jokainen hius rätinöi, latautuneena elävän magnetismin kosketuksesta.

His body and brain were tuned to the finest possible pitch.

Hänen kehonsa ja aivonsa olivat viritetty parhaalle mahdolliselle sävelkorkeudelle.

Every nerve, fiber, and muscle worked in perfect harmony.

Jokainen hermo, säie ja lihas toimivat täydellisessä harmoniassa.

To any sound or sight needing action, he responded instantly.

Kaikkiin ääniin tai näkyihin, jotka vaativat toimenpiteitä, hän reagoi välittömästi.

If a husky leaped to attack, Buck could leap twice as fast.

Jos husky hyppäsi hyökkäämään, Buck pystyi hyppäämään kaksi kertaa nopeammin.

He reacted quicker than others could even see or hear.

Hän reagoi nopeammin kuin muut ehtivät nähdä tai kuulla.

Perception, decision, and action all came in one fluid moment.

Havainto, päätös ja toiminta tapahtuivat kaikki yhdessä sulavassa hetkessä.

In truth, these acts were separate, but too fast to notice.

Todellisuudessa nämä teot olivat erillisiä, mutta liian nopeita huomatakseen.

So brief were the gaps between these acts, they seemed as one.

Näiden tekojen väliset tauot olivat niin lyhyitä, että ne tuntuivat yhdeltä.

His muscles and being was like tightly coiled springs.

Hänen lihaksensa ja olemuksensa olivat kuin tiukasti kierrettyjä jousia.

His body surged with life, wild and joyful in its power.

Hänen ruumiinsa sykki elämää, villinä ja iloisena voimassaan.

At times he felt like the force was going to burst out of him entirely.

Välillä hänestä tuntui kuin voima purkautuisi hänestä kokonaan.

"Never was there such a dog," Thornton said one quiet day.

"Ei ole koskaan ollut sellaista koiraa", Thornton sanoi yhtenä hiljaisena päivänä.

The partners watched Buck striding proudly from the camp.

Parit katselivat Buckin astelevan ylpeänä leiristä ulos.

"When he was made, he changed what a dog can be," said Pete.

"Kun hänet luotiin, hän muutti sitä, mitä koira voi olla", Pete sanoi.

"By Jesus! I think so myself," Hans quickly agreed.

"Jeesuksen nimeen! Luulenpa niin itsekin", Hans myönsi nopeasti.

They saw him march off, but not the change that came after.

He näkivät hänen marssivan pois, mutta eivät sitä muutosta, joka tapahtui sen jälkeen.

As soon as he entered the woods, Buck transformed completely.

Metsään astuttuaan Buck muuttui täysin.

He no longer marched, but moved like a wild ghost among trees.

Hän ei enää marssinut, vaan liikkui kuin villi aave puiden keskellä.

He became silent, cat-footed, a flicker passing through shadows.

Hänestä tuli hiljainen, kissanjalkainen, välähdys välähti varjojen läpi.

He used cover with skill, crawling on his belly like a snake.

Hän käytti suojaa taitavasti ryömimällä vatsallaan kuin käärme.

And like a snake, he could leap forward and strike in silence.

Ja käärmeen tavoin hän saattoi hypätä eteenpäin ja iskeä hiljaa.

He could steal a ptarmigan straight from its hidden nest.

Hän voisi varastaa kiirunan suoraan sen piilopesästä.

He killed sleeping rabbits without a single sound.
Hän tappoi nukkuvia kaneja äänettömästi.
He could catch chipmunks midair as they fled too slowly.
Hän voisi napata maaoravat ilmassa, kun ne pakenivat liian hitaasti.
Even fish in pools could not escape his sudden strikes.
Edes kalat lammikoissa eivät voineet välttyä hänen äkillisiltä iskuiltaan.
Not even clever beavers fixing dams were safe from him.
Edes patoja korjaavat ovelat majavat eivät olleet turvassa häneltä.
He killed for food, not for fun—but liked his own kills best.
Hän tappoi ruoakseen, ei huvikseen – mutta piti eniten omista tappamisistaan.
Still, a sly humor ran through some of his silent hunts.
Silti ovela huumori leijui hänen hiljaisten metsästystensä läpi.
He crept up close to squirrels, only to let them escape.
Hän hiipi aivan oravien lähelle, vain päästääkseen ne karkuun.
They were going to flee to the trees, chattering in fearful outrage.
He aikoivat paeta puiden sekaan, lörpötellen kauhuissaan ja raivoissaan.
As fall came, moose began to appear in greater numbers.
Syksyn saapuessa hirviä alkoi näkyä runsain määrin.
They moved slowly into the low valleys to meet the winter.
He siirtyivät hitaasti mataliin laaksoihin kohtaamaan talven.
Buck had already brought down one young, stray calf.
Buck oli jo kaatanut yhden nuoren, harhailevan vasikan.
But he longed to face larger, more dangerous prey.
Mutta hän kaipasi suurempaa ja vaarallisempaa saalista.
One day on the divide, at the creek's head, he found his chance.
Eräänä päivänä virran latvalla, hän löysi tilaisuutensa.
A herd of twenty moose had crossed from forested lands.
Metsäisiltä mailta oli ylittänyt tien kaksikymmentä hirveä.
Among them was a mighty bull; the leader of the group.

Heidän joukossaan oli mahtava härkä; ryhmän johtaja.

The bull stood over six feet tall and looked fierce and wild.

Härkä oli yli kaksi metriä korkea ja näytti raivoisalta ja villiltä.

He tossed his wide antlers, fourteen points branching outward.

Hän heitti leveät sarvensa, joista neljätoista haarautui ulospäin.

The tips of those antlers stretched seven feet across.

Noiden sarvien kärjet ulottuivat seitsemän jalan levyisiksi.

His small eyes burned with rage as he spotted Buck nearby.

Hänen pienet silmänsä paloivat raivosta, kun hän huomasi Buckin lähellä.

He let out a furious roar, trembling with fury and pain.

Hän päästi raivoisan karjaisun, täristen raivosta ja tuskasta.

An arrow-end stuck out near his flank, feathered and sharp.

Läheltä hänen kylkeään törrötti höyhenpeitteinen ja terävä nuolenpää.

This wound helped explain his savage, bitter mood.

Tämä haava auttoi selittämään hänen rajua, katkeraa mielialaansa.

Buck, guided by ancient hunting instinct, made his move.

Muinaisen metsästysvaiston ohjaamana Buck teki siirtonsa.

He aimed to separate the bull from the rest of the herd.

Hän pyrki erottamaan härän muusta laumasta.

This was no easy task—it took speed and fierce cunning.

Tämä ei ollut helppo tehtävä – se vaati nopeutta ja hurjaa oveluutta.

He barked and danced near the bull, just out of range.

Hän haukkui ja tanssi härän lähellä, juuri kantaman ulkopuolella.

The moose lunged with huge hooves and deadly antlers.

Hirvi syöksyi eteenpäin valtavilla kavioilla ja tappavilla sarvilla.

One blow could have ended Buck's life in a heartbeat.

Yksi isku olisi voinut lopettaa Buckin hengen silmänräpäyksessä.

Unable to leave the threat behind, the bull grew mad.

Koska härkä ei pystynyt jättämään uhkaa taakseen, se suuttui.

He charged in fury, but Buck always slipped away.

Hän hyökkäsi raivoissaan, mutta Buck livahti aina karkuun.

Buck faked weakness, luring him farther from the herd.

Buck teeskenteli heikkoutta houkutellen hänet kauemmas laumasta.

But young bulls were going to charge back to protect the leader.

Mutta nuoret sonnit aikoivat rynnätä takaisin suojellakseen johtajaa.

They forced Buck to retreat and the bull to rejoin the group.

He pakottivat Buckin perääntymään ja härän liittymään takaisin ryhmään.

There is a patience in the wild, deep and unstoppable.

Villissä on kärsivällisyyttä, syvää ja pysäyttämätöntä.

A spider waits motionless in its web for countless hours.

Hämähäkki odottaa liikkumatta verkossaan lukemattomia tunteja.

A snake coils without twitching, and waits till it is time.

Käärme kiemurtelee nykimättä ja odottaa, kunnes on aika.

A panther lies in ambush, until the moment arrives.

Pantteri väijyy, kunnes hetki koittaa.

This is the patience of predators who hunt to survive.

Tämä on selviytyäkseen metsästävien saalistajien kärsivällisyyttä.

That same patience burned inside Buck as he stayed close.

Sama kärsivällisyys paloi Buckin sisällä hänen pysytellessään lähellä.

He stayed near the herd, slowing its march and stirring fear.

Hän pysytteli lauman lähellä hidastaen sen kulkua ja herättäen pelkoa.

He teased the young bulls and harassed the mother cows.

Hän kiusoitteli nuoria sonneja ja ahdisteli emolehmiä.

He drove the wounded bull into a deeper, helpless rage.

Hän ajoi haavoittuneen härän syvemmälle, avuttomampaan raivoon.

For half a day, the fight dragged on with no rest at all.

Puoli päivää taistelu jatkui ilman minkäänlaista lepoa.
Buck attacked from every angle, fast and fierce as wind.
Buck hyökkäsi joka suunnasta, nopeasti ja raivokkaasti kuin tuuli.
He kept the bull from resting or hiding with its herd.
Hän esti härkää lepäämästä tai piiloutumasta laumansa kanssa.
Buck wore down the moose's will faster than its body.
Buck kulutti hirven tahdon nopeammin kuin sen ruumis.
The day passed and the sun sank low in the northwest sky.
Päivä kului ja aurinko laski matalalle luoteistaivaalla.
The young bulls returned more slowly to help their leader.
Nuoret sonnit palasivat hitaammin auttamaan johtajaansa.
Fall nights had returned, and darkness now lasted six hours.
Syksyn yöt olivat palanneet, ja pimeys kesti nyt kuusi tuntia.
Winter was pressing them downhill into safer, warmer valleys.
Talvi painoi heitä alamäkeen turvallisempiin, lämpimämpiin laaksoihin.
But still they couldn't escape the hunter that held them back.
Mutta silti he eivät päässeet pakoon metsästäjää, joka pidätteli heitä.
Only one life was at stake—not the herd's, just their leader's.
Vain yhden ihmisen henki oli vaakalaudalla – ei lauman, vaan sen johtajan.
That made the threat distant and not their urgent concern.
Se teki uhkasta etäisen eikä heidän kiireellisestä huolenaiheestaan.
In time, they accepted this cost and let Buck take the old bull.
Ajan myötä he hyväksyivät tämän hinnan ja antoivat Buckin ottaa vanhan härän.
As twilight settled in, the old bull stood with his head down.
Hämärän laskeutuessa vanha härkä seisoi pää painuksissa.
He watched the herd he had led vanish into the fading light.

Hän katseli, kuinka hänen johdattamansa lauma katosi himmenevään valoon.

There were cows he had known, calves he had once fathered.

Siellä oli lehmiä, jotka hän oli tuntenut, vasikoita, jotka hän oli kerran siittänyt.

There were younger bulls he had fought and ruled in past seasons.

Hän oli taistellut nuorempia sonneja vastaan ja hallinnut niitä menneinä kausina.

He could not follow them—for before him crouched Buck again.

Hän ei voinut seurata heitä – sillä hänen edessään kyykistyi Buck jälleen.

The merciless fanged terror blocked every path he might take.

Armoton, hampaiden peittämä kauhu esti kaikki hänen tiensä.

The bull weighed more than three hundredweight of dense power.

Härkä painoi yli kolmesataa kiloa tiheää voimaa.

He had lived long and fought hard in a world of struggle.

Hän oli elänyt kauan ja taistellut lujasti kamppailun täyttämässä maailmassa.

Yet now, at the end, death came from a beast far beneath him.

Silti nyt, lopussa, kuolema tuli petoeläimen luota, joka oli paljon hänen alapuolellaan.

Buck's head did not even rise to the bull's huge knuckled knees.

Buckin pää ei edes noussut härän valtavien, rystysten peittämien polvien tasolle.

From that moment on, Buck stayed with the bull night and day.

Siitä hetkestä lähtien Buck pysyi härän luona yötä päivää.

He never gave him rest, never allowed him to graze or drink.

Hän ei koskaan antanut hänelle lepoa, ei koskaan antanut hänen laiduntaa tai juoda.

The bull tried to eat young birch shoots and willow leaves.

Härkä yritti syödä nuoria koivunversoja ja pajunlehtiä.

But Buck drove him off, always alert and always attacking.

Mutta Buck ajoi hänet pois, aina valppaana ja aina hyökkäävänä.

Even at trickling streams, Buck blocked every thirsty attempt.

Jopa tihkuvien purojen kohdalla Buck torjui kaikki janoiset yritykset.

Sometimes, in desperation, the bull fled at full speed.

Joskus härkä pakeni epätoivoissaan täyttä vauhtia.

Buck let him run, loping calmly just behind, never far away.

Buck antoi hänen juosta, loikki rauhallisesti aivan takana, ei koskaan kaukana.

When the moose paused, Buck lay down, but stayed ready.

Kun hirvi pysähtyi, Buck kävi makuulle, mutta pysyi valmiina.

If the bull tried to eat or drink, Buck struck with full fury.

Jos härkä yritti syödä tai juoda, Buck iski täydellä raivolla.

The bull's great head sagged lower under its vast antlers.

Härän suuri pää painui alemmas valtavien sarviensa alle.

His pace slowed, the trot became a heavy; a stumbling walk.

Hänen vauhtinsa hidastui, ravi muuttui raskaaksi, kompuroivaksi kävelyksi.

He often stood still with drooped ears and nose to the ground.

Hän seisoi usein paikallaan korvat painuksissa ja kuono maassa.

During those moments, Buck took time to drink and rest.

Noina hetkinä Buck otti aikaa juoda ja levätä.

Tongue out, eyes fixed, Buck sensed the land was changing.

Kieli ulkona, silmät kiinteästi, Buck aisti maan muuttuvan.

He felt something new moving through the forest and sky.

Hän tunsi jotain uutta liikkuvan metsän ja taivaan halki.

As moose returned, so did other creatures of the wild.

Hirvien palatessa palasivat myös muut villieläimet.

The land felt alive with presence, unseen but strongly known.

Maa tuntui elävältä ja läsnäolevalta, näkymättömältä mutta vahvasti tunnetulta.

It was not by sound, sight, nor by scent that Buck knew this.

Buck ei tiennyt tätä kuulo-, näkö- eikä hajuaistimuksen perusteella.

A deeper sense told him that new forces were on the move.

Syvempi aisti kertoi hänelle, että uusia voimia oli liikkeellä.

Strange life stirred through the woods and along the streams.

Outoa elämää kuhisi metsissä ja purojen varrella.

He resolved to explore this spirit, after the hunt was complete.

Hän päätti tutkia tätä henkeä metsästyksen päätyttyä.

On the fourth day, Buck brought down the moose at last.

Neljäntenä päivänä Buck sai viimein hirven kaatumaan.

He stayed by the kill for a full day and night, feeding and resting.

Hän pysyi saaliin luona koko päivän ja yön, syöden ja leväten.

He ate, then slept, then ate again, until he was strong and full.

Hän söi, nukkui ja söi taas, kunnes oli vahva ja kylläinen.

When he was ready, he turned back toward camp and Thornton.

Kun hän oli valmis, hän kääntyi takaisin leiriä ja Thorntonia kohti.

With steady pace, he began the long return journey home.

Tasaisella vauhdilla hän aloitti pitkän paluumatkan kotiin.

He ran in his tireless lope, hour after hour, never once straying.

Hän juoksi väsymätöntä loitsuaan tunti toisensa jälkeen, kertaakaan harhautumatta.

Through unknown lands, he moved straight as a compass needle.

Tuntemattomien maiden läpi hän kulki suoraan kuin kompassin neula.

His sense of direction made man and map seem weak by comparison.

Hänen suuntavaistonsa sai ihmisen ja kartan näyttämään heikoilta verrattuna niihin.

As Buck ran, he felt more strongly the stir in the wild land.

Juostessaan Buckin tunsi yhä voimakkaammin villin maan hälinän.

It was a new kind of life, unlike that of the calm summer months.

Se oli uudenlaista elämää, toisin kuin tyynien kesäkuukausien aikana.

This feeling no longer came as a subtle or distant message.

Tämä tunne ei enää tullut hienovaraisena tai etäisenä viestinä.

Now the birds spoke of this life, and squirrels chattered about it.

Nyt linnut puhuivat tästä elämästä ja oravat höpöttivät siitä.

Even the breeze whispered warnings through the silent trees.

Tuulikin kuiskasi varoituksia hiljaisten puiden läpi.

Several times he stopped and sniffed the fresh morning air.

Useita kertoja hän pysähtyi haistelemaan raikasta aamuilmaa.

He read a message there that made him leap forward faster.

Hän luki sieltä viestin, joka sai hänet hyppäämään eteenpäin nopeammin.

A heavy sense of danger filled him, as if something had gone wrong.

Raskas vaaran tunne täytti hänet, aivan kuin jokin olisi mennyt pieleen.

He feared calamity was coming—or had already come.

Hän pelkäsi, että onnettomuus oli tulossa – tai oli jo tullut.

He crossed the last ridge and entered the valley below.

Hän ylitti viimeisen harjanteen ja astui alla olevaan laaksoon.

He moved more slowly, alert and cautious with every step.

Hän liikkui hitaammin, valppaammin ja varovaisemmin jokaisella askeleella.

Three miles out he found a fresh trail that made him stiffen.

Kolmen mailin päässä hän löysi uuden polun, joka kangisti hänet.

The hair along his neck rippled and bristled in alarm.

Hänen kaulansa hiukset aaltoilivat ja nousivat pystyyn
pelästyksestä.
**The trail led straight toward the camp where Thornton
waited.**
Polku johti suoraan leiriin, jossa Thornton odotti.
Buck moved faster now, his stride both silent and swift.
Buck liikkui nyt nopeammin, hänen askeleensa oli sekä
hiljainen että nopea.
**His nerves tightened as he read signs others were going to
miss.**
Hänen hermonsa kiristyivät, kun hän luki merkkejä, jotka
muut tulisivat olemaan huomaamatta.
Each detail in the trail told a story—except the final piece.
Jokainen polun yksityiskohta kertoi tarinan – paitsi viimeinen
pala.
His nose told him about the life that had passed this way.
Hänen nenänsä kertoi hänelle elämästä, joka oli kulunut tällä
tiellä.
**The scent gave him a changing picture as he followed close
behind.**
Tuoksu muutti hänen mielikuvaansa hänen seuratessaan
aivan kannoilla.
But the forest itself had gone quiet; unnaturally still.
Mutta metsä itse oli hiljentynyt; luonnottoman liikkumaton.
Birds had vanished, squirrels were hidden, silent and still.
Linnut olivat kadonneet, oravat olivat piilossa, hiljaa ja
liikkumatta.
He saw only one gray squirrel, flat on a dead tree.
Hän näki vain yhden harmaaoravan, makaamassa kuolleella
puulla.
**The squirrel blended in, stiff and motionless like a part of
the forest.**
Orava sulautui joukkoon, jäykkänä ja liikkumattomana kuin
osa metsää.
Buck moved like a shadow, silent and sure through the trees.
Buck liikkui kuin varjo, hiljaa ja varmasti puiden läpi.
His nose jerked sideways as if pulled by an unseen hand.

Hänen nenänsä nytkähti sivulle aivan kuin näkymätön käsi
olisi vetänyt häntä.

He turned and followed the new scent deep into a thicket.

Hän kääntyi ja seurasi uutta tuoksua syvälle pensaikkoon.

**There he found Nig, lying dead, pierced through by an
arrow.**

Sieltä hän löysi Nigin makaamasta kuolleena, nuolen
lävistämänä.

**The shaft passed clear through his body, feathers still
showing.**

Nuoli lävisti hänen ruumiinsa, höyhenet yhä näkyvissä.

**Nig had dragged himself there, but died before reaching
help.**

Nig oli raahannut itsensä sinne, mutta kuoli ennen kuin ehti
apuun.

A hundred yards farther on, Buck found another sled dog.

Sadan jaardin päässä Buck löysi toisen rekikoiran.

It was a dog that Thornton had bought back in Dawson City.

Se oli koira, jonka Thornton oli ostanut Dawson Citystä.

The dog was in a death struggle, thrashing hard on the trail.

Koira kävi kuolemanvaaraa ja rimpuili lujaa polulla.

Buck passed around him, not stopping, eyes fixed ahead.

Buck ohitti hänet pysähtymättä, katse eteenpäin tuijotettuna.

**From the direction of the camp came a distant, rhythmic
chant.**

Leirin suunnalta kuului kaukainen, rytmikäs laulu.

Voices rose and fell in a strange, eerie, sing-song tone.

Äänet nousivat ja laskivat oudolla, aavemaisella, laulavalla
sävyllä.

Buck crawled forward to the edge of the clearing in silence.

Buck ryömi hiljaa aukion reunalle.

**There he saw Hans lying face-down, pierced with many
arrows.**

Siellä hän näki Hansin makaavan kasvot alaspäin, monien
nuolien lävistämänä.

**His body looked like a porcupine, bristling with feathered
shafts.**

Hänen ruumiinsa näytti piikkisialta, täynnä höyhenpeitteisiä varsia.

At the same moment, Buck looked toward the ruined lodge.

Samalla hetkellä Buck katsoi raunioitunutta majaa kohti.

The sight made the hair rise stiff on his neck and shoulders.

Näky sai hiukset jäykiksi nousemaan pystyyn hänen niskallaan ja hartioillaan.

A storm of wild rage swept through Buck's whole body.

Villin raivon myrsky pyyhkäisi läpi koko Buckin ruumiin.

He growled aloud, though he did not know that he had.

Hän murahti ääneen, vaikka ei tiennyt sitä.

The sound was raw, filled with terrifying, savage fury.

Ääni oli raaka, täynnä kauhistuttavaa, villiä raivoa.

For the last time in his life, Buck lost reason to emotion.

Viimeisen kerran elämässään Buck menetti järkensä tunteiden tieltä.

It was love for John Thornton that broke his careful control.

Rakkaus John Thorntonia kohtaan mursi hänen huolellisen itsehillintänsä.

The Yeehats were dancing around the wrecked spruce lodge.

Yeehatit tanssivat raunioituneen kuusimajan ympärillä.

Then came a roar—and an unknown beast charged toward them.

Sitten kuului karjunta – ja tuntematon peto ryntäsi heitä kohti.

It was Buck; a fury in motion; a living storm of vengeance.

Se oli Buck; liikkeessä oleva raivo; elävä kostonhimoinen myrsky.

He flung himself into their midst, mad with the need to kill.

Hän heittäytyi heidän keskelleen, hulluna tappamisen tarpeesta.

He leapt at the first man, the Yeehat chief, and struck true.

Hän hyppäsi ensimmäisen miehen, yeehat-päällikön, kimppuun ja osui naulan kantaan.

His throat was ripped open, and blood spouted in a stream.

Hänen kurkkunsa revittiin auki ja veri pursui virtana.

Buck did not stop, but tore the next man's throat with one leap.

Buck ei pysähtynyt, vaan repäisi yhdellä loikalla seuraavan miehen kurkun irti.

He was unstoppable—ripping, slashing, never pausing to rest.

Hän oli pysäyttämätön – repi, viilsi, eikä koskaan pysähtynyt lepäämään.

He darted and sprang so fast their arrows could not touch him.

Hän syöksyi ja hyppäsi niin nopeasti, etteivät heidän nuolensa osuneet häneen.

The Yeehats were caught in their own panic and confusion.

Yeehatit olivat oman paniikkinsa ja hämmennyksensä vallassa.

Their arrows missed Buck and struck one another instead.

Heidän nuolensa osuivat toisiinsa ohi Buckin.

One youth threw a spear at Buck and hit another man.

Yksi nuori heitti keihään Buckiin ja osui toiseen mieheen.

The spear drove through his chest, the point punching out his back.

Keihäs lävisti hänen rintansa ja iski selkäänsä.

Terror swept over the Yeehats, and they broke into full retreat.

Kauhu valtasi Yeehatit, ja he murtautuivat täyteen perääntymiseen.

They screamed of the Evil Spirit and fled into the forest shadows.

He huusivat Pahaa Henkeä ja pakenivat metsän varjoihin.

Truly, Buck was like a demon as he chased the Yeehats down.

Buck oli todellakin kuin demoni ajaessaan Yeehateja takaa.

He tore after them through the forest, bringing them down like deer.

Hän juoksi heidän perässään metsän läpi ja kaatoi heidät kuin peurat.

It became a day of fate and terror for the frightened Yeehats.

Siitä tuli kohtalon ja kauhun päivä peloissaan oleville Yeehateille.

They scattered across the land, fleeing far in every direction.
He hajaantuivat pitkin maata, pakenivat kauas joka suuntaan.
A full week passed before the last survivors met in a valley.
Kokonainen viikko kului ennen kuin viimeiset eloonjääneet
tapasivat laaksossa.
Only then did they count their losses and speak of what
happened.
Vasta sitten he laskivat tappionsa ja puhuivat tapahtuneesta.
Buck, after tiring of the chase, returned to the ruined camp.
Väsyttyään takaa-ajosta Buck palasi raunioituneeseen leiriin.
He found Pete, still in his blankets, killed in the first attack.
Hän löysi Peten, yhä huopissaan, kuolleena ensimmäisessä
hyökkäyksessä.
Signs of Thornton's last struggle were marked in the dirt
nearby.
Thorntonin viimeisen kamppailun merkit näkyivät läheisessä
mullassa.
Buck followed every trace, sniffing each mark to a final
point.
Buck seurasi jokaista jälkeä ja nuuhki jokaisen merkin
viimeiseen pisteeseen asti.
At the edge of a deep pool, he found faithful Skeet, lying
still.
Syvän lammen reunalla hän löysi uskollisen Skeetin
makaamasta liikkumatta.
Skeet's head and front paws were in the water, unmoving in
death.
Skeetin pää ja etutassut olivat vedessä, liikkumattomina
kuollessa.
The pool was muddy and tainted with runoff from the sluice
boxes.
Uima-allas oli mutainen ja tahraantunut sulkulaatikoiden
valumavesistä.
Its cloudy surface hid what lay beneath, but Buck knew the
truth.
Sen pilvinen pinta peitti alleen sen, mitä sen alla oli, mutta
Buck tiesi totuuden.

He tracked Thornton's scent into the pool—but the scent led nowhere else.

Hän seurasi Thorntonin hajua altaaseen asti – mutta haju ei johtanut minnekään muualle.

There was no scent leading out—only the silence of deep water.

Ulos ei kuulunut hajua – vain syvän veden hiljaisuus.

All day Buck stayed near the pool, pacing the camp in grief.

Koko päivän Buck pysytteli altaan lähellä ja käveli edestakaisin leirissä surun murtamana.

He wandered restlessly or sat in stillness, lost in heavy thought.

Hän vaelteli levottomasti tai istui hiljaa, vaipuneena raskaisiin ajatuksiin.

He knew death; the ending of life; the vanishing of all motion.

Hän tunsi kuoleman; elämän lopun; kaiken liikkeen katoamisen.

He understood that John Thornton was gone, never to return.

Hän ymmärsi, että John Thornton oli poissa eikä koskaan palaisi.

The loss left an empty space in him that throbbed like hunger.

Menetys jätti häneen tyhjän tilan, joka jyskyttää kuin nälkä.

But this was a hunger food could not ease, no matter how much he ate.

Mutta ruoka ei voinut helpottaa tätä nälkää, vaikka hän söisi kuinka paljon tahansa.

At times, as he looked at the dead Yeehats, the pain faded.

Ajoittain, kun hän katsoi kuolleita Yeehateja, kipu laantui.

And then a strange pride rose inside him, fierce and complete.

Ja sitten hänen sisällään nousi outo ylpeys, raju ja täydellinen.

He had killed man, the highest and most dangerous game of all.

Hän oli tappanut ihmisen, korkeimman ja vaarallisimman pelin kaikista.

He had killed in defiance of the ancient law of club and fang.

Hän oli tappanut uhmaten muinaista nuijan ja hampaiden lakia.

Buck sniffed their lifeless bodies, curious and thoughtful.

Buck nuuhki heidän elottomia ruumiitaan uteliaana ja mietteliäänä.

They had died so easily—much easier than a husky in a fight.

Ne olivat kuolleet niin helposti – paljon helpommin kuin husky taistelussa.

Without their weapons, they had no true strength or threat.

Ilman aseitaan heillä ei ollut todellista voimaa tai uhkaa.

Buck was never going to fear them again, unless they were armed.

Buck ei koskaan enää peläisi heitä, elleivät he olisi aseistettuja.

Only when they carried clubs, spears, or arrows he'd beware.

Vain silloin, kun heillä oli nuijat, keihäät tai nuolet, hän varoi.

Night fell, and a full moon rose high above the tops of the trees.

Yö laskeutui, ja täysikuu nousi korkealle puiden latvojen yläpuolelle.

The moon's pale light bathed the land in a soft, ghostly glow like day.

Kuun haalea valo kylpi maan pehmeässä, aavemaisessa loisteessa kuin päivällä.

As the night deepened, Buck still mourned by the silent pool.

Yön pimetessä Buck suri yhä hiljaisen lammen rannalla.

Then he became aware of a different stirring in the forest.

Sitten hän huomasi metsässä erilaisen hälinän.

The stirring was not from the Yeehats, but from something older and deeper.

Liian voimakas ääni ei tullut Yeehatien suvusta, vaan jostakin vanhemmasta ja syvemmästä.

He stood up, ears lifted, nose testing the breeze with care.

Hän nousi seisomaan, korvat pystyssä, nenä testasi varovasti tuulta.

From far away came a faint, sharp yelp that pierced the silence.

Kaukaa kuului heikko, terävä kiljahdus, joka rikkoi hiljaisuuden.

Then a chorus of similar cries followed close behind the first.

Sitten samanlaisten huutojen kuoro seurasi aivan ensimmäisen perässä.

The sound drew nearer, growing louder with each passing moment.

Ääni lähestyi, voimistuen hetki hetkeltä.

Buck knew this cry—it came from that other world in his memory.

Buck tunsi tämän huudon – se tuli tuosta toisesta maailmasta, joka oli hänen muistoissaan.

He walked to the center of the open space and listened closely.

Hän käveli avoimen tilan keskelle ja kuunteli tarkkaan.

The call rang out, many-noted and more powerful than ever.

Kutsu kajahti, moniäänisenä ja voimakkaampana kuin koskaan.

And now, more than ever before, Buck was ready to answer his calling.

Ja nyt, enemmän kuin koskaan ennen, Buck oli valmis vastaamaan kutsuunsa.

John Thornton was dead, and no tie to man remained within him.

John Thornton oli kuollut, eikä hänessä ollut enää mitään sidettä ihmiseen.

Man and all human claims were gone—he was free at last.

Ihminen ja kaikki inhimilliset vaatimukset olivat poissa – hän oli vihdoin vapaa.

The wolf pack were chasing meat like the Yeehats once had.
Susilauma jahtasi lihaa kuten Yeehatit aikoinaan.
They had followed moose down from the timbered lands.
He olivat seuranneet hirviä alas metsämailta.
Now, wild and hungry for prey, they crossed into his valley.
Nyt he ylittivät laaksonsa, villinä ja saalista nälkäisinä.
Into the moonlit clearing they came, flowing like silver water.
Kuun valaisemaan aukioon ne saapuivat, virtaten kuin hopeinen vesi.
Buck stood still in the center, motionless and waiting for them.
Buck seisoi keskellä liikkumattomana ja odotti heitä.
His calm, large presence stunned the pack into a brief silence.
Hänen tyyni, suuri läsnäolonsa hiljensi lauman hetkeksi.
Then the boldest wolf leapt straight at him without hesitation.
Sitten rohkein susi hyppäsi suoraan häntä kohti epäröimättä.
Buck struck fast and broke the wolf's neck in a single blow.
Buck iski nopeasti ja mursi suden kaulan yhdellä iskulla.
He stood motionless again as the dying wolf twisted behind him.
Hän seisoi jälleen liikkumattomana, kuoleva susi kiertyi hänen takanaan.
Three more wolves attacked quickly, one after the other.
Kolme muuta sutta hyökkäsi nopeasti, yksi toisensa jälkeen.
Each retreated bleeding, their throats or shoulders slashed.
Jokainen perääntyi verta vuotaen, kurkku tai hartiat viillettyinä.
That was enough to trigger the whole pack into a wild charge.
Se riitti laukaisemaan koko lauman villiin rynnäköön.
They rushed in together, too eager and crowded to strike well.
He ryntäsivät sisään yhdessä, liian innokkaina ja tungoksissa iskeäkseen hyvin.

Buck's speed and skill allowed him to stay ahead of the attack.

Buckin nopeus ja taito antoivat hänelle mahdollisuuden pysyä hyökkäyksen edellä.

He spun on his hind legs, snapping and striking in all directions.

Hän pyörähti takajaloillaan, napsahti ja iski joka suuntaan.

To the wolves, this seemed like his defense never opened or faltered.

Susien mielestä tämä tuntui siltä, ettei hänen puolustuslinjansa koskaan avautunut tai horjunut.

He turned and slashed so quickly they could not get behind him.

Hän kääntyi ja iski niin nopeasti, etteivät he päässeet hänen taakseen.

Nonetheless, their numbers forced him to give ground and fall back.

Siitä huolimatta heidän lukumääränsä pakotti hänet antamaan periksi ja perääntymään.

He moved past the pool and down into the rocky creek bed.

Hän ohitti altaan ja laskeutui kiviseen purouomaan.

There he came up against a steep bank of gravel and dirt.

Siellä hän törmäsi jyrkkään sora- ja maapenkereeseen.

He edged into a corner cut during the miners' old digging.

Hän livahti nurkkaan kaivostyöläisten vanhan kaivun aikana.

Now, protected on three sides, Buck faced only the front wolf.

Nyt kolmelta suunnalta suojattuna Buck kohtasi vain etummaisen suden.

There, he stood at bay, ready for the next wave of assault.

Siinä hän seisoi loitolla, valmiina seuraavaan hyökkäysaaltoon.

Buck held his ground so fiercely that the wolves drew back.

Buck piti pintansa niin raivokkaasti, että sudet vetäytyivät.

After half an hour, they were worn out and visibly defeated.

Puolen tunnin kuluttua he olivat uupuneita ja näkyvästi tappion kokeneita.

Their tongues hung out, their white fangs gleamed in moonlight.
Heidän kielensä roikkuivat ulkona, heidän valkoiset kulmahampaansa loistivat kuunvalossa.

Some wolves lay down, heads raised, ears pricked toward Buck.
Muutamat sudet makasivat alas päät pystyssä, korvat höröllään Buckia kohti.

Others stood still, alert and watching his every move.
Muut seisoivat paikoillaan, valppaina ja tarkkailivat hänen jokaista liikettään.

A few wandered to the pool and lapped up cold water.
Muutama käveli uima-altaalle ja joi kylmää vettä.

Then one long, lean gray wolf crept forward in a gentle way.
Sitten yksi pitkä, laiha harmaa susi hiipi lempeästi eteenpäin.

Buck recognized him—it was the wild brother from before.
Buck tunnisti hänet – se oli se villi veli edelliseltä päivältä.

The gray wolf whined softly, and Buck replied with a whine.
Harmaa susi vinkui hiljaa, ja Buck vastasi vinkumalla.

They touched noses, quietly and without threat or fear.
He koskettivat neniään hiljaa ja ilman uhkaa tai pelkoa.

Next came an older wolf, gaunt and scarred from many battles.
Seuraavaksi tuli vanhempi susi, laiha ja monien taisteluiden arpeuttama.

Buck started to snarl, but paused and sniffed the old wolf's nose.
Buck alkoi murahtaa, mutta pysähtyi ja nuuhki vanhan suden kuonoa.

The old one sat down, raised his nose, and howled at the moon.
Vanha istuutui, nosti kuonoaan ja ulvoi kuulle.

The rest of the pack sat down and joined in the long howl.
Loput laumasta istuutuivat alas ja liittyivät pitkään ulvontaan.

And now the call came to Buck, unmistakable and strong.
Ja nyt kutsu tuli Buckille, kiistatta ja voimakkaasti.

He sat down, lifted his head, and howled with the others.
Hän istuutui alas, nosti päätään ja ulvoi muiden kanssa.
When the howling ended, Buck stepped out of his rocky shelter.
Kun ulvonta lakkasi, Buck astui ulos kivisestä suojastaan.
The pack closed in around him, sniffing both kindly and warily.
Lauma sulkeutui hänen ympärilleen nuuhkien sekä ystävällisesti että varovaisesti.
Then the leaders gave the yelp and dashed off into the forest.
Sitten johtajat kiljahtivat ja syöksyivät metsään.
The other wolves followed, yelping in chorus, wild and fast in the night.
Muut sudet seurasivat perässä kuorossa ulvoen, villisti ja nopeasti yössä.
Buck ran with them, beside his wild brother, howling as he ran.
Buck juoksi heidän kanssaan, villin veljensä rinnalla, ulvoen juostessaan.

Here, the story of Buck does well to come to its end.
Tässä Buckin tarina päättyy hyvin.
In the years that followed, the Yeehats noticed strange wolves.
Seuraavina vuosina Yeehatit huomasivat outoja susia.
Some had brown on their heads and muzzles, white on the chest.
Joillakin oli ruskea päässä ja kuonossa, valkoinen rinnassa.
But even more, they feared a ghostly figure among the wolves.
Mutta vielä enemmän he pelkäsivät susien joukossa olevaa aavemaista hahmoa.
They spoke in whispers of the Ghost Dog, leader of the pack.
He puhuivat kuiskaten Aavekoirasta, lauman johtajasta.

This Ghost Dog had more cunning than the boldest Yeehat hunter.

Tällä aavekoiralla oli enemmän oveluutta kuin rohkeimmallakaan Yeehat-metsästäjällä.

The ghost dog stole from camps in deep winter and tore their traps apart.

Aavekoira varasteli leireiltä syvän talven aikana ja repi niiden ansat auki.

The ghost dog killed their dogs and escaped their arrows without a trace.

Aavekoira tappoi heidän koiransa ja pakeni heidän nuoliensa läpi jäljettömiin.

Even their bravest warriors feared to face this wild spirit.

Jopa heidän urheimmat soturinsa pelkäsivät kohdata tämän villin hengen.

No, the tale grows darker still, as the years pass in the wild.

Ei, tarina synkkenee entisestään vuosien vieriessä erämaassa.

Some hunters vanish and never return to their distant camps.

Jotkut metsästäjät katoavat eivätkä koskaan palaa kaukaisiin leireihinsä.

Others are found with their throats torn open, slain in the snow.

Toiset löydetään kurkku auki revittyinä, surmattuina lumesta.

Around their bodies are tracks — larger than any wolf could make.

Niiden ruumiiden ympärillä on jälkiä – suurempia kuin mikään susi pystyisi tekemään.

Each autumn, Yeehats follow the trail of the moose.

Joka syksy yeehatit seuraavat hirven jälkiä.

But they avoid one valley with fear carved deep into their hearts.

Mutta he välttelevät yhtä laaksoa, jonka pelko on kaiverrettu syvälle heidän sydämiinsä.

They say the valley is chosen by the Evil Spirit for his home.

He sanovat, että Paha Henki on valinnut laakson kodikseen.

And when the tale is told, some women weep beside the fire.

Ja kun tarina kerrotaan, jotkut naiset itkevät tulen ääressä.

But in summer, one visitor comes to that quiet, sacred valley.

Mutta kesällä yksi vierailija saapuu tuohon hiljaiseen, pyhään laaksoon.

The Yeehats do not know of him, nor could they understand.

Yeehatit eivät tiedä hänestä eivätkä voineet ymmärtää.

The wolf is a great one, coated in glory, like no other of his kind.

Susi on suuri, loistokkaasti pukeutunut, ainutlaatuinen.

He alone crosses from green timber and enters the forest glade.

Hän yksin ylittää vihreän metsän ja astuu metsäaukiolle.

There, golden dust from moose-hide sacks seeps into the soil.

Siellä hirvennahkasäkeistä tihkuu kultaista pölyä maaperään.

Grass and old leaves have hidden the yellow from the sun.

Ruoho ja vanhat lehdet ovat peittäneet keltaisen auringolta.

Here, the wolf stands in silence, thinking and remembering.

Tässä susi seisoo hiljaa, miettii ja muistelee.

He howls once—long and mournful—before he turns to go.

Hän ulvoo kerran – pitkään ja murheellisesti – ennen kuin kääntyy lähteäkseen.

Yet he is not always alone in the land of cold and snow.

Silti hän ei ole aina yksin kylmän ja lumen maassa.

When long winter nights descend on the lower valleys.

Kun pitkät talviyöt laskeutuvat alempien laaksojen ylle.

When the wolves follow game through moonlight and frost.

Kun sudet seuraavat riistaa kuunvalossa ja pakkasessa.

Then he runs at the head of the pack, leaping high and wild.

Sitten hän juoksee lauman kärjessä hyppien korkealle ja villisti.

His shape towers over the others, his throat alive with song.

Hänen hahmonsa kohoaa muiden yläpuolelle, kurkku elossa laulusta.

It is the song of the younger world, the voice of the pack.

Se on nuoremman maailman laulu, lauman ääni.
He sings as he runs—strong, free, and forever wild.
Hän laulaa juostessaan – vahvana, vapaana ja ikuisesti villinä.